Ludwig von Hörmann

Untersuchungen über die homerische Frage

Ludwig von Hörmann

Untersuchungen über die homerische Frage

ISBN/EAN: 9783744610728

Hergestellt in Europa, USA, Kanada, Australien, Japan

Cover: Foto ©Thomas Meinert / pixelio.de

Weitere Bücher finden Sie auf **www.hansebooks.com**

UNTERSUCHUNGEN

UEBER DIE

HOMERISCHE FRAGE

VON

DR. LUDWIG v. HOERMANN.

I. HEFT.

DIE EINHEITLICHEN ELEMENTE DES ERSTEN GESANGES DER ILIAS

INNSBRUCK.
VERLAG DER WAGNER'schen UNIVERSITÄTS BUCHHANDLUNG.
1867.

SEINER HOCHWÜRDEN

HERRN

DR. JOSEF SIEBINGER,

JUBIL. K. K. GYMNASIAL-DIREKTOR, F. B. BRIXEN'schen CONSISTORIAL-RATH, BESITZER DES GOLDENEN VERDIENSTKREUZES MIT DER KRONE

&. &.

IN DANKBARER ERINNERUNG

GEWIDMET VOM

VERFASSER.

„Ich möchte gern so weit kommen, dass ich meine Ansicht entweder mit Ueberzeugung aufgäbe, oder sie mir gründlicher befestigte."

Lachmann, Brief an Lehrs.

Vorliegende Arbeit soll das erste Heft einer fortlaufenden Reihe von Untersuchungen bilden, welche die **Homerische Frage** zu ihrem Gegenstande haben. Da eine grössere Einleitung erst der Ausgabe aller Hefte vorgesetzt werden wird, so beschränke ich mich in der gegebenen nur kurz auf diejenigen Punkte, die für das Verständniss des ersten Heftes nothwendig erscheinen.

Aufgabe dieses ist: **Die Hervorhebung der einheitlichen Elemente des ersten Gesanges der Ilias.** Lachmann nahm bekanntlich bei diesem Gesange drei Theile mit verschiedenen Verfassern an:

Ein **ursprüngliches Lied** (v. 1—347) und zwei **Fortsetzungen**, von denen die sg. **erste** (v. 430—492) in die sg. **zweite** (v. 348—429 und v. 493—611) eingeschoben ist.

Die Gründe, die ihn zu dieser Annahme bewogen, sind die zwischen den drei Stücken waltenden sachlichen Widersprüche. Mit Entkräftung dieser befassten sich daher die meisten Vertheidigungsschriften der Einheitlichkeitstheorie

Zum Theil gelang es, im Grossen und Ganzen müssen alle bisherigen Versuche ihrem nächsten Zwecke nach als missglückt betrachtet werden. Die von Lachmann aufgedeckten Widersprüche lassen sich einmal nicht wegläugnen, höchstens auf äusserst gezwungene Weise lösen oder bei Seite schieben. Das Bestreben der Verfechter der Einheitlichkeit kann also nur darauf gerichtet sein, einerseits die Natur dieser Widersprüche aufzudecken, um deren Existenz nicht durch die Lachmann'sche Voraussetzung von mehreren Dichtern erklären zu müssen, sondern als mit der Annahme Eines Dichters vereinbar hinstellen zu können, andererseits so gewichtige positive Elemente der Einheitlichkeit vorzubringen, dass dadurch die negirende Kraft der Lachmann'schen Gründe paralysirt wird.

Ein solches direktes Beweisverfahren ist meines Wissens, wenigstens systematisch, noch nie versucht worden; man müsste denn den allgemeinen Hinweis auf die Schönheiten des ersten Gesanges, auf dessen echt künstlerische Gliederung u. s. w. dazu rechnen wollen; Alles Eigenschaften, die schon deshalb weniger ins Gewicht fallen, weil sie auch von gegnerischer Seite anerkannt und nur in anderer Art erklärt werden.

Aesthetische Untersuchungen sind hinsichtlich ihrer Beweiskraft schon von vornherein misstrauenerweckend und daraus gezogene Resultate können nur dann sich allgemeinere Geltung erwerben, wenn sie sich auf möglichst objektive Kriterien stützen. In unserem Falle, wo es sich darum handelt, ob sachlich mit einander im Widerspruch stehende Stücke Einem Dichter zugeschrieben werden dürfen, genügt es daher nicht „Elemente der Einheit überhaupt aufzuweisen . . . . . . sondern solche, die dermassen mit der Dichtung als solcher verwachsen sind, dass sie schlechterdings nirgend anders, als in der dichtenden Thätigkeit selbst ihre Wurzel haben können."

Wenden wir diesen Satz Cauer's[1]) auf eines der Hauptkriterien an, die der folgenden Untersuchung als Stütze dienen, auf die zwischen den drei Partieen des ersten Gesanges waltenden Beziehungen, so werden diese für unsern Zweck nur dann von Bedeutung sein, wenn sie von der oben bezeichneten Art sind, also erstlich so spezieller Natur, dass wir sie aus der blossen Verwandtschaft des Sagenstoffes nicht erklären können, so der Dichtung selbst angehörig, dass wir sie nicht früherer oder späterer Diaskeue zuschreiben können, und endlich muss die Beziehung der einzelnen Theile eine wechselseitige sein, welcher Umstand mit ziemlicher Sicherheit auf die Identität der Verfasser schliessen lässt.

Wenn ich nun von diesem in gewisser Hinsicht neuen Gesichtspunkte aus, mehr im Vertrauen auf den Vortheil einer unbefangenen Forschung, als auf die Waffen einer umfassenden Gelehrsamkeit, einen abermaligen Anlauf wage, die Einheitlichkeit des ersten Gesanges der Ilias zu vertheidigen, so ist es eben nur ein Versuch, der sehr leicht das Schicksal der anderen theilen kann, und der es sich vielleicht zum einzigen Verdienste anrechnen darf, manchen neuen Punkt aufgedeckt, manchen schon bekannten näher beleuchtet zu haben.

---

1) Ueber die Urform einiger Rhapsod. d. Il. S. 10.

Innsbruck im Oktober 1866.

Der Verfasser.

INHALT.

I. Existenz eines ursprünglichen Thetisliedes.
II. Ist unsere zweite Fortsetzung dieses Lied oder nur ein Stück ähnlichen Inhaltes?
III. Grenzen des Thetisliedes. Verhältniss der zweiten Fortsetzung zum Lachm. Liede.
IV. Die zweite Fortsetzung ist Abschluss unseres Menisliedes.
V. Verhältniss des Lachm. Liedes zur zweiten Fortsetzung.
VI. Verhältniss der ersten Fortsetzung zum Lachm. Liede und zur zweiten Fortsetzung.

I.

Existenz eines ursprünglichen Thetisliedes.

Ich beginne mit der Lachmann'schen 2. Fortsetzung (v. 348—429 und v. 493—611), weil sie mir als die wichtigste Partie des ersten Gesanges, wie überhaupt der ganzen Ilias erscheint, und mir ihre vorangehende Behandlung den Gang der Untersuchung erleichtert. Damit kann Hand in Hand die Beurtheilung der drei Hauptansichten gehen, zu denen diese Partie Veranlassung bot, und welche in Lachmann, Köchly — Näke, Hoffmann — Lauer ihre Vertreter haben.

Lachmann sieht, wie erwähnt, dieses Stück als Fortsetzung seines Liedes (v. 1—347) an, meint aber wegen der zwischen beiden Dichtungen waltenden Widersprüche, der Fortsetzer habe sich nicht ganz in die Anschauung des Verfassers von v. 1—347 versetzen können. [1]

Er sieht also diese Partie nicht als Lied oder Liedestheil, folglich gleichalterig mit seinen sechszehn ursprünglichen echten Liedern an, sondern als blosses Füllstück zur Verbindung letzterer. [2]

Diese Ansicht scheint mir selbst vom Standpunkte der Liedertheorie unhaltbar.

---

1) Lachmann. Betrachtungen über Homers Ilias. S. 5.
2) Lachmann. A. a. O. S. 18 u. 75.

Das Lachmann'sche erste Lied schliesst mit der Ablieferung der Briseis:

v. 345. ff. "Ως φάτο, Πάτροκλος δὲ φίλῳ ἐπεπείθεθ' ἑταίρῳ·

v. 346. ἐκ δ' ἄγαγε κλισίης Βρισηΐδα καλλιπάρῃον,

v. 347. δῶκε δ' ἄγειν. τὼ δ' αὖτις ἴτην παρὰ νῆας Ἀχαιῶν.

Das Lachmann'sche zweite Lied beginnt mit dem Rathschluss des Zeus, durch Niederlage der Achäer den Achilles zu ehren:

B. 1. ff. Ἄλλοι μέν ῥα θεοί τε καὶ ἀνέρες ἱπποκορυσταί εὗδον παννύχιοι, Δία δ' οὐκ ἔχε νήδυμος ὕπνος, ἀλλ' ὅ γε μερμήριζε κατὰ φρένα, ὡς Ἀχιλῆα τιμήσει', ὀλέσαι δὲ πολέας ἐπὶ νηυσὶν Ἀχαιῶν.

Dass hier mit dem ersten Liede nach Fortlassung der 2. Fortsetzung kein Zusammenhang und keine Motivirung stattfinde, hat auch Lachmann eingesehen.

„Denn," sagt er S. 18, „wenn wir von diesem (dem ersten Gesange) die zweite Fortsetzung als ein widerstrebendes Stück weglassen müssen, so fehlt zwischen A und B aller Zusammenhang, wenn entweder auf A 347 δῶκε δ' ἄγειν, τὼ δ' αὖτις ἴτην παρὰ νῆας Ἀχαιῶν, oder auf A 492 αὖθι μένων· ποθέεσκε δ' αὐτήν τε πτόλεμόν τε [1]) unmittelbar folgen soll B 1. Ἄλλοι μέν ῥα θεοί τε καὶ ἀνέρες ἱπποκορυσταὶ εὗδον παννύχιοι, Δία δ' οὐκ ἔχε νήδυμος ὕπνος. Wer also die Annahme eines in den Hauptabschnitten beabsichtigten zusammen hangenden epischen Gedichts fest halten will, der muss die zweite Fortsetzung des ersten Liedes mit aller Gewalt vertheidigen. Oder, da dies nun wohl schwerlich gelingen wird, jene zweite

---

1) Wenn man nämlich nach Lachmanns anderer Annahme die 1. Fortsetzung als ursprünglichen Abschluss von v. 1—347 ansieht. Lachmann A. a. O. S. 5.

Fortsetzung muss an die Stelle eines verloren 'gegangenen echten Stückes getreten sein. Gegen diese Ansicht habe ich theoretisch nichts zu erinnern: nur legt sie sich den Beweis auf, dass die echten Stücke unter sich übereinstimmen, im Inhalt, im Stil, in der Sprache, die unechten aber ihnen ungleich sind."

Ohne vorderhand von einem beabsichtigten zusammenhangenden epischen Gedichte des Homer auszugehen, glaube ich doch die Behauptung aufstellen zu dürfen, dass, wenn später folgende echte Lieder auf Ereignisse sich gründen oder darauf Rücksicht nehmen, von denen wir in keinem der früheren Lieder etwas gehört haben, wir auf ein ursprünglich vorhandenes Lied schliessen müssen, welches diese Beziehungen enthielt und auf das Wenigste gleichalterig ist. Dieser Schluss wird um so berechtigter sein, je häufiger und spezieller einerseits diese Beziehungen sind, je weniger daher dieselben aus blosser Sagenverwandtschaft sich erklären lassen, und je wichtiger andererseits und für das Verständniss anderer Lieder unentbehrlicher ihr Inhalt sich offenbart.

Dies ist hier der Fall.

Könnte man auch die obenerwähnten Eingangsverse der zweiten Rhapsodie durch einen kühnen Sprung ohne Vermittelung der 2. Fortsetzung oder eines ursprünglichen echten Liedes dadurch erklären, dass wir Zeus unaufgefordert aus Mitleid oder Gerechtigkeitsgefühl den Vorsatz fassen lassen, den Achilles für seine erlittene Schmach zu ehren, so weisen doch eine verhältnissmässig grosse Anzahl von Beziehungen anderer Lachmann'scher echter Lieder auf eine Bitte Achill's zu seiner Mutter, resp. zu Zeus, wodurch der Plan des letzteren, durch Begünstigung der Troer den Achilles zu ehren, motivirt wird, so dass wir auch ohne Rücksicht auf den begründenden Umstand der Zusammenhangslosigkeit zwischen dem ersten und zweiten Lachm. Liede, d. i. bei

Annahme eines organisch zusammenhangenden epischen Gedichtes dennoch auf ein ursprünglich vorhandenes echtes Lied schliessen müssen, das den Hauptinhalt der 2. Fortsetzung umfasst.

Man vergleiche:

Θ 370 ff. (Lachmann's siebentes Lied) [1])
νῦν δ' ἐμὲ μὲν στυγέει, Θέτιδος δ' ἐξήνυσε βουλάς,
ἣ οἱ γούνατ' ἔκυσσε καὶ ἔλλαβε χειρὶ γενείου,
λισσομένη τιμῆσαι Ἀχιλλῆα πτολίπορθον.

Ν 347 ff. (L. dreizehntes Lied. S. 52).
Ζεὺς μὲν ἄρα Τρώεσσι καὶ Ἕκτορι βούλετο νίκην,
κυδαίνων Ἀχιλῆα πόδας ταχύν· οὐδ' ὅ γε πάμπαν
ἤθελε λαὸν ὀλέσθαι Ἀχαιικὸν Ἰλιόθι πρό,
ἀλλὰ Θέτιν κύδαινε καὶ υἱέα καρτερόθυμον.

Ο 72 ff. (L. dreizehntes Lied S. 55) sagt Zeus:
τὸ πρὶν δ' οὔτ' ἄρ' ἐγὼ παύω χόλον οὔτε τιν' ἄλλον
ἀθανάτων Δαναοῖσιν ἀμυνέμεν ἐνθάδ' ἐάσω,
πρίν γε τὸ Πηλείδαο τελευτηθῆναι ἐέλδωρ,
ὥς οἱ ὑπέστην πρῶτον, ἐμῷ δ' ἐπένευσα κάρητι,
ἤματι τῷ ὅτ' ἐμεῖο θεὰ Θέτις ἥψατο γούνων,
λισσομένη τιμῆσαι Ἀχιλλῆα πτολίπορθον.

Ο 596 ff. (L. fünfzehntes Lied S. 65) sagt der Dichter:
Ἕκτορι γάρ οἱ θυμὸς ἐβούλετο κῦδος ὀρέξαι
Πριαμίδῃ, ἵνα νηυσὶ κορωνίσι θεσπιδαὲς πῦρ
ἐμβάλοι ἀκάματον, Θέτιδος δ' ἐξαίσιον ἀρήν
πᾶσαν ἐπικρήνειε.

Π 236 ff. (L. fünfzehntes Lied S. 87) im Gebete des Achilles zu Zeus:
ἠμὲν δή ποτ' ἐμὸν ἔπος ἔκλυες εὐξαμένοιο,

---

[1] „Die Rüstung der Here und Athene und ihr Versuch den Achäern zu helfen Θ 350 ff., wobei auf den Inhalt der zweiten Fortsetzung des ersten Liedes angespielt wird (v. 372). gehört wohl auch noch zum siebenten." Lachm. A. a. O. S. 26.

τίμησας μὲν ἐμέ, μέγα δ' ἴψαο λαὸν Ἀχαιῶν,
ἠδ' ἔτι καὶ νῦν μοι τόδ' ἐπικρήηνον ἐέλδωρ.
Σ. 74 ff. (L. sechszehntes Lied S. 87) in den Trostworten der Thetis zu Achilles:

.... τὰ μὲν δή τοι τετέλεσται
ἐκ Διός, ὡς ἄρα δὴ πρίν γ' εὔχεο χεῖρας
ἀνασχών,
πάντας ἐπὶ πρύμνῃσιν ἀλήμεναι υἶας Ἀχαιῶν,
σεῦ ἐπιδευομένους, παθέειν τ' ἀεκήλια ἔργα.

Die beiden letzten Beziehungen gehen indirekt auf die Thetisbitte, wie weiter unten ausführlich gezeigt werden wird. —

Ich habe absichtlich nur Beziehungen aus Lachmanns sechszehn echten Stücken genommen, um die Annahme eines ursprünglichen echten und gleichalterigen Liedes, das die Thetisscene enthielt, selbst vom Standpunkte der Liedertheorie als nothwendig erscheinen zu machen.

Viele andere einschlägige Stellen in Lachmann'schen Füllstücken und Fortsetzungen übergehe ich, sowie eine eingehende Aufzählung und Behandlung derjenigen Momente in der Ilias, deren Inhalt und Motivirung sich nur durch Annahme eines Thetisliedes erklären lässt.

Dazu rechne ich die ganze den Troern freundlich gesinnte Wirksamkeit des Zeus vom achten Gesange [1]) an, die völlig unmotivirt und geradezu unerklärlich ist, wenn man nicht sein der Thetis gegebenes Wort im Auge behält.

Damit will ich nicht behaupten, dass diese βουλὴ Διός in unserer Ilias durch eine Reihe von Gesängen mit planmässiger Konsequenz durchgeführt sei, sondern ich will dadurch nur einen Beleg bringen, dass dieses Motiv der Thetisbitte entweder sehr früh in die Achilleische Lieder-

---

1) Vgl. Θ 8 ff. τάδε ἔργα.

gruppe hineingetragen worden, oder schon ursprünglich in der Sage gelegen haben musste. [1])
Lag es aber in der Sage, dann war es gewiss besungen — dafür spricht schon das Vorhandensein unserer 2. Fortsetzung — und es frägt sich nur noch:

---

[1] Auch die vergleichende Sagenforschung könnte manchen Anhaltspunkt dafür bieten. Ich verweise nur auf das Verhältniss des Karna zu seiner Mutter in dem ind. Mahabharata. Vgl. M. Carriere. Das Wesen und die Formen der Poesie. S. 305 ff.

II.

Ist unsere zweite Fortsetzung dieses Lied oder nur ein Stück ähnlichen Inhaltes?

Muss schon die Vermuthung Lachmanns, es möchte das echte Stück durch irgend einen Zufall verloren gegangen sein, von vornherein als höchst unwahrscheinlich gelten, indem sein Inhalt für so viele andere Lieder massgebend war, dasselbe daher gewiss zu den häufigst gesungenen gehörte, so spricht überdies der ganze Charakter unseres Stückes nach Form und Inhalt für dessen Echtheit. Dass die Schönheit des Gedichtes, seine malerischen und psychologischen Feinheiten, so wie dessen metrische Vollkommenheit [1] dasselbe in die Blüthezeit des epischen Gesanges setzen und den Lachmann'schen echten Liedern ebenbürtig zur Seite stellen, haben Anhänger und Gegner der Liedertheorie gebührend anerkannt. [2]

Ebenso entspricht der Inhalt genau den Beziehungen der andern Gesänge, so zwar, dass wir aus diesen leicht den sachlichen Grundriss unseres Stückes zusammenstellen könnten.

---

[1] C. A. J. Hoffmann. Philol. III. S. 198.
[2] Lachmann. A. a. O. S. 6; Ribbeck. Philol. VIII. S. 475; Köchly. Zürcher U. Progr 1857. p. 19; Hiecke. Greifswalder Sch. Progr. 1857. S. 11 und A.

Σ 75 ff. zeigt uns den Achilles, wie er am einsamen Meeresstrande klagend seine Hände zu Zeus erhebt (χεῖρας ἀνασχών; vgl. χ. ὀρεγνύς A 351). Im gleichen Gesange erhalten wir in der tröstenden Thetis das wortgetreue Abbild der ähnlichen Scene in A 357 ff.· Σ 76 ff. gibt uns mit denselben Ausdrücken die Bitte Achill's, die Thetis dem Zeus übermitteln soll. (A 409 ff.) Die Verhandlung zwischen Thetis und Zeus sammt dem zusagenden Hauptnicken des letzteren enthalten fast wörtlich Θ 370 ff. und besonders O 72 ff.[1]) Dass das Verhältniss des Zeus zu den übrigen Göttern, das Gefühl seiner Obmacht, seine Kontroversen mit Here in unserem Stücke eine getreue Widerspiegelung finden, ist genug bekannt; ebenso entspricht die Zeichnung des Hephaistos im achtzehnten Gesange dem Benehmen der „komischen Person" in A 571 ff. Erwähnungswerth ist aber noch, dass uns über das in mehreren Gesängen (Θ. 198 ff. O. 184 ff. etc.) berührte aufrührerische Benehmen von Here, Poseidon und Pallas Athene gegenüber Zeus die unserer 2. Fortsetzung eingewebte Notiz eines missglückten olympischen Staatsstreiches unerwarteten Aufschluss gibt. (A 396 ff.)

Aus dieser nur oberflächlichen Skizze ersieht man schon, dass die Abweichung einer andern Darstellung der Achillsbitte sich nie auf den Inhalt, höchstens auf die Form hätte beziehen können.

Nun geht aber aus der Identität der Beziehungsverse

---

1) Durch O 75 .... ἐμῷ δ' ἐπένευσα κάρητι wird auch die Vermuthung A. Jacob's. (Ueber die Entstehung der Il. u. Od. S. 170 ff.) widerlegt, dass die Verse A 524—530, welche den Donnerschwur des Zeus enthalten, spätere Einschaltung sei. Vgl. auch Hiecke. A. a. O. S. 9 und L. Feuerbach. Sämmtl. Werke. B. IX. Theogonie S. 2.

anderer Lieder und der Lachm. 2. Fortsetzung zur Evidenz hervor, dass nur unser Stück den andern als berücksichtigter Vorwurf gedient haben könne.

Diese Uebereinstimmung zeigt sich nicht bloss in den beiden Hauptmomenten der 2. Fortsetzung (Klage Achill's und Bitte der Thetis zu Zeus), in denen uns die Beziehungsverse, wie schon die Abschnitt I. gegebene Tabelle zeigt, grösstentheils mit denselben Ausdrücken die Scene vergegenwärtigen, sondern sie erstreckt sich sogar auf geringfügige Nebenumstände, so dass man, wenigstens vom Standpunkte der Liedertheorie, eine solche Berücksichtigung geradezu als Entlehnung bezeichnen müsste.

Wir begegnen in andern Liedern gleichen Wendungen, Versen, ja ganzen Verspartieen, welche man nicht mehr als bloss stereotype Formeln epischer Erzählungsweise auffassen kann und wobei an ein Plagiiren von Seite des genialen Schöpfers der 2. Fortsetzung gewiss Niemand denkt; ja unser Stück scheint andern minderbegabten Dichtern förmlich als nachahmungswerthes Muster gedient zu haben.

So ergibt sich, um nur das eklatanteste Beispiel zu bringen, die Thetispartie des achtzehnten Gesanges (Lachm. sechszehntes Lied) ihrer ganzen Anlage und Ausführung nach auf den ersten Blick als eine oft wortgetreue Kopie unserer 2. Fortsetzung, nur dass der Verfasser derselben die edle Einfachheit des Originals durch schwulstiges Beiwerk entstellt hat.[1])

Man vergleiche nur
Σ 35 u. 36 = A 357 u. 358.
Σ 73 u. 74 = A 362 u. 363.
Σ 78   = A 364.

---

[1]) Man müsste denn grossartige Interpolationen annehmen; ich erwähne nur die Klage der Nereiden Σ 35 ff. und die darauf folgende Erzählung der Thetis v. 51 ff., die der spätern bei Hephaistos bis auf ein paar Verse ganz entnommen ist, v. 55—62 = v. 436—443.

Die Art und Weise, wie Thetis den Achill tröstend um sein neues Leid fragt, die darauf folgende Erzählung desselben, die neue Bitte Achill's, die Klage der Mutter über das Fatum ihres Kindes, ihr Gebot, sich vom Kampfe zu enthalten, entsprechen genau dem Gange der Handlung in unserer 2. Fortsetzung; und wie diese, ist auch die achtzehnte Rhapsodie durch eine dazwischenfallende Episode in zwei Theile geschieden, Thetis und Achill, und Thetis bei Hephaistos. — Ich habe mich absichtlich bei dieser Partie länger aufgehalten, weil sie uns zur Entkräftung der Lachmann'schen Ansicht von noch einer andern und vielleicht ursprünglicheren Darstellung der Bitte des Achilles dient.

Π 236 ff. nämlich beruft sich dieser auf seine frühere Bitte, die ihm Zeus erfüllt habe:

ἠμὲν δή ποτ' ἐμὸν ἔπος ἔκλυες εὐξαμένοιο,
τίμησας μὲν ἐμέ, μέγα δ' ἴψαο λαὸν Ἀχαιῶν· ....

und

Σ 73 ff. frägt ihn seine Mutter, warum er wieder klage, da ihm doch Alles gewährt worden sei

ἐκ Διός, ὡς ἄρα δὴ πρίν γ' εὔχεο, χεῖρας ἀνασχών....

Aus diesen beiden Stellen glaubt nun Lachmann auf eine **direkte** Bitte des Achill zu Zeus schliessen zu dürfen, bei der also die Vermittelung der Thetis fehlte 1).

Ich muss in der That annehmen, dass Lachmann bei dieser Auslegung der betreffenden Stelle sein gewohnter Scharfsinn verlassen habe, indem er ja selbst zu *Σ* 76 die Bemerkung macht: „Achill betet zu Zeus, wie wir ebenfalls im fünfzehnten (Liede) fanden (XXVI.), dass die Achäer zu den Schiffen gedrängt werden *Σ* 76. Von der Bitte der Thetis ist nicht die Rede: doch müssen wir

---

1) Lachmann. A. a. O. S. 87. (Spuren einer andern Ilias.)

annehmen, dass sie dem Dichter bekannt war, wenn er wirklich unser fünfzehntes Lied fortsetzte."

Wie ist es also möglich, dass ein Dichter, der, wie wir sahen, in so eklatanter Weise unser Stück, nämlich die zweite Fortsetzung, respektirte, in diesem Einen Punkte abgewichen sei? Gieng denn die Bitte des Achill nicht zu Zeus, weil Thetis sie persönlich vermittelte, zumal der Ausdruck χεῖρας ἀνασχών gewiss absichtlich an das χεῖρας ὀρεγνύς A 351 erinnern sollte?[1]) — Thetis ist aber

ἡμένη ἐν βένϑεσσιν ἁλὸς παρὰ πατρὶ γέροντι.
(A 358)
und
καρπαλίμως δ᾽ ἀνέδυ πολιῆς ἁλὸς ἠΰτ᾽ ὀμίχλη
(A 359).

Dazu kommt noch der Inhalt der Klage Achill's (A 352 ff.), die, obgleich der erste Vers seiner Mutter gilt, eigentlich eine Bitte an Zeus ist:

τιμήν πέρ μοι ὄφελλεν Ὀλύμπιος ἐγγυαλίξαι
Ζεὺς ὑψιβρεμέτης· νῦν δ᾽ οὐδέ με τυτϑὸν ἔτισεν.

Damit stimmt ganz die Bitte der Thetis zu Zeus (A 508 ff.)

ἀλλὰ σύ πέρ μιν τῖσον, Ὀλύμπιε μητίετα Ζεῦ,
τόφρα δ᾽ ἐπὶ Τρώεσσι τίϑει κράτος, ὄφρ᾽ ἂν Ἀχαιοί
υἱὸν ἐμὸν τίσωσιν, ὀφέλλωσίν τέ ἑ τιμῇ.

Vergleicht man damit die andere von Lachmann erwähnte Stelle (Π 236), so ergibt sich die gleiche Auffassung. Oder hätte vielleicht Achill in diesem Dankgebet zu Zeus der Vermittelung seiner Mutter erwähnen sollen, da schon die Worte

τίμησας μὲν ἐμέ, μέγα δ᾽ ἴψαο λαὸν Ἀχαιῶν (Π 237)

den vollständigen Inhalt der mütterlichen Bitte in sich fassen.

---

1) Vgl. L. Feuerbach. A. a. O. S. 3 u. Anm. S. 401; Schol. zu Σ 236 u. Σ 75.

Dieses Hervorheben der τιμή erklärt uns nun auch den zweiten scheinbaren Widerspruch des fünfzehnten Gesanges mit unserem Stück, den Lachmann ebenfalls als Stützpunkt für seine Behauptung von einer andern Fassung der Achillbitte aufstellt. Im Proömium des Lachm. fünfzehnten Liedes (O 596 ff.) heisst es von Zeus:

Ἕκτορι γάρ οἱ θυμὸς ἐβούλετο κῦδος ὀρέξαι
Πριαμίδῃ, ἵνα νηυσὶ κορωνίσι θεσπιδαὲς π ῦ ρ
ἐ μ β ά λ ο ι ἀκάματον, Θ έ τ ι δ ο ς δ᾽ ἐξαίσιον ἀρήν
π ᾶ σ α ν ἐπικρήνειε: ....

Bei erster Betrachtung möchte es nun scheinen, als wäre die vollständige (πᾶσαν) Bitte der Thetis auf das Verbrennen der achäischen Schiffe gegangen, folglich ein Widerspruch mit unserer 2. Fortsetzung.

Auch hier gibt uns wieder Lachmann selbst den Schlüssel zur Erklärung an die Hand, wenn er sagt:

„Dass aber die Bitte der Thetis auf das Anzünden der Schiffe ging (oder ist das nur das Ziel, welches Zeus sich gesetzt hat?), haben wir bisher nicht erfahren." [1])

Natürlich nicht, weil überhaupt Thetis ihre Bitte in keiner bestimmten Form stellte, sondern übereinstimmend mit Achill's Klage (A 353 ff.) einzig allein das Moment der Ehre (τιμή) betonte. Ja Thetis negligirt sogar das speziellere Verlangen Achill's (v. 409 ff.), dass seine Ehre in der Niederlage und Bedrängniss der Achäer an den Schiffen und am Meere bestehen soll, sondern entnimmt daraus nur den Punkt, Zeus möge den Troern Sieg verleihen; es würde daher nach Lachmann's Grundsätzen die „einheitliche" 2. Fortsetzung in sich selbst etwas abweichen.

---

1) Lachmann. A. a. O. S. 66.

Gerade der Umstand also, der den Widerspruch zwischen *A* und *O* hervorzurufen scheint, hebt ihn.

Ein Widerspruch würde nur stattfinden, wenn Thetis ihre Bitte zu Zeus in einer von *O* 596 ff. abweichenden Weise spezialisirt hätte. Dadurch, dass sie ihre Bitte ganz **allgemein** stellt, hingegen Mass und Mittel der Erfüllung dem Zeus in die Hände legt, ist der βουλὴ Διός der freieste Spielraum gewährt, die mit den Worten des Zeus

ἐμοὶ δέ κε ταῦτα μελήσεται, ὄφρα τελέσσω. *A* 523.

gewissermassen ihre Sanktion erhält.

Je mehr also Zeus die Troer begünstiget, desto mehr wird Achilles **geehrt**, desto vollständiger erfüllt er die von der Thetis gestellte Bitte.

Darauf, nämlich auf die **Ehre** (τιμή) des Achilles ist das πᾶσαν in seiner Verbindung mit Θέτιδος δ' ἐξαίσιον ἀρήν zu beziehen, nicht auf die Mittel, wodurch Thetis ihre Bitte verwirklicht sehen will.

Noch deutlicher spricht für die Richtigkeit dieser Auffassung die andere Stelle **desselben** Gesanges *O* 72 ff. Da sagt Zeus:

τὸ πρὶν δ' οὔτ' ἄρ' ἐγὼ παύω χόλον οὔτε τιν' ἄλλον
ἀθανάτων Δαναοῖσιν ἀμυνέμεν ἐνθάδ' ἐάσω,
πρίν γε τὸ Πηλείδαο **τελευτηθῆναι** ἐέλδωρ,
ὥς οἱ **ὑπέστην** πρῶτον, ἐμῷ δ' ἐπένευσα κάρητι,
ἤματι τῷ ὅτ' ἐμεῖο θεὰ Θέτις ἥψατο γούνων,
λισσομένη **τιμῆσαι** Ἀχιλλῆα πτολίπορθον.

Hier ist das τελευτηθῆναι offenbar gleich dem obigen πᾶσαν zu fassen, nämlich als vollständige Erfüllung der Bitte, während der letzte Vers (λισσομένη τιμῆσαι) sagt, worin diese bestand.

Diese Stelle ist auch in Bezug auf den ersten Einwurf Lachmann's interessant, indem hier Zeus ebenfalls von einer Bitte Achill's spricht, aus dem Folgenden aber deutlich hervorgeht, dass er damit die Thetisbitte meine.

Fasst also Zeus selbst die vermittelte Bitte als direkte auf, so darf es auch Lachmann thun. —

Damit glaube ich den letzten Einwurf, der gegen die Echtheit u n s e r e s Stückes sich machen lässt, beseitigt zu haben.

Wer jedoch trotzdem an Lachmann's Behauptung von einer andern Fassung der Achillbitte festhalten will, der möge noch bedenken, dass unter der Voraussetzung einer späteren Entstehung unseres Stückes es einerseits nicht möglich wäre, dass sich die meisten Lachmann'schen echten, also älteren Lieder, auf u n s e r e Darstellung bezögen, und dass es andererseits sonderbar wäre, wenn der spätere Verfasser unseres Stückes nicht alle vorliegenden Stücke berücksichtiget hätte.

III.

Grenzen des Thetisliedes. Verhältniss der zweiten Fortsetzung zum Lachmann'schen Liede.

Eine andere wichtige Frage ist die nach der Ausdehnung dieses Liedes, ob nämlich die Lachm. 2. Fortsetzung (v. 348—429 u. v. 493—611) für sich ein abgeschlossenes Ganze bilde (Köchly — Näke), oder ob wir in ihr den Abschluss des Lachm. Menisliedes (v. 1—347), oder wenigstens eines gleichinhaltigen (Hoffmann — Lauer) zu suchen haben.

Mit Prüfung dieser Frage sind wir auf dem Boden der eigentlichen Untersuchung angelangt, nämlich das gegenseitige Verhältniss der drei Gruppen des ersten Gesanges zu bestimmen, und zwar zuerst das der 2. Fortsetzung zum Lachm. Liede.

Köchly sieht die Partie v. 348-429 u. v. 493—611 als eigenes Lied an, mit eigenem Verfasser, und gibt ihm den Namen Λιταί. [1])

„Carmen ipsum tam clarum est atque absolutum, ut de eo per se spectato vix opus esset quidquam addi, nisi etc." [2])

Und später:

---

1) Er entnahm diesen Titel der andern Ueberschrift der Πρεσβεία des neunten Gesanges.
2) Köchly. Zürcher U. Progr. 1856. p. 19.

„Omnino enim Litarum poeta totum suum carmen ita instituit et composuit, ut quasi congruens imago Menidi responderet, sive rerum statum atque rationes sive personarum animum moresque respicis [1]), quem in finem haud raro adeo ipsa archetypi sui verba aut integra aut paullulum variata retinuit." [2])

Dieselbe Ansicht wurde schon früher, fast gleichzeitig mit Lachmann's homerischen Forschungen, von Näke [3]) aufgestellt und hat neuerdings in Ribbeck [4]) einen warmen Vertheidiger gefunden.

Auch Näke betrachtet die 2. Fortsetzung als selbständiges, abgeschlossenes Lied (corpus per se constans) und lässt dieses im engen Anschlusse an das Menislied gedichtet sein. Ja er ist sogar nicht abgeneigt, seine $T\iota\mu\acute{\eta}$ oder $T\acute{\iota}\mu\eta\sigma\iota\varsigma$ (ultio) [5]) trotz der Widersprüche mit der $M\tilde{\eta}\nu\iota\varsigma$, dem Dichter der letzteren zuzuschreiben.

„Quod (carmen) qui fecit, sive alius poeta, sive ipse antea $M\tilde{\eta}\nu\iota\nu$ fecerat, quod ad nostram rem nihil differt, sed ante oculos $M\tilde{\eta}\nu\iota\nu$ habens, Ultionem attexturus, sapienter, si recte sentio, initium ejus ab eo tempore capessit, in quo recens injuria." [6])

---

1) Dies stimmt nicht ganz mit einer früheren Bemerkung in genannter Schrift p. 13 über das Verhältniss dieser Partie zum Lachm. Liede, indem dort als Grund gegen die Einheitlichkeit beider Stücke auch vorgebracht wird, — ut Junonis persona multum illa in utroque carmine diversa.
2) A. a. O. p. 20.
3) A. F. Naekii Opuscula phil. V. J. p. 263—271.
4) N. Jahrbücher für Philol. u. Pädag. B 85. H. 1. S. 5.
5) Näke. A. a. O. p. 268 „Ultionem dixeris; graece $T\iota\mu\acute{\eta}\nu$ ex v. 505. 508. 559 et aliis locis Homericis. vel $T\acute{\iota}\mu\eta\sigma\iota\nu$."
Der Titel an und für sich würde sehr gut passen: nur liegt in den Stellen, woraus Näke ihn schöpft, nicht die Bedeutung „Rache" sondern „Ehre".
6) A. a. O. p. 269.

Ganz einverstanden bin ich, wenn beide Kritiker eine innige Verwandschaft und Beziehung zwischen dem Lachm. Menis- und ihrem Thetisliede finden; dass letzteres im Hinblick auf ersteres gedichtet sei, hat schon Lachmann zugegeben, indem er es als Fortsetzung annimmt.

Wir hätten also nach Näke — Köchly'scher Ansicht zwei aufeinander folgende Lieder, von denen das zweite sich eng an das erste anschliesst und die Handlung desselben weiterführt, ohne natürlich deshalb den Charakter eines selbständigen Liedes aufzugeben. [1])

Ohne auf eine ausführliche Kritik der Erfordernisse zu einem selbständigen Liede näher einzugehen, berühre ich nur das Nothwendigste. [2])

Ich gebe vor allem zu, dass einzelne Partieen der Ilias in Form von Liedern gedichtet sind [3]), oder dass sich wenigstens, selbst bei Annahme eines grössern, einheitlichen Ganzen, Stücke in Form selbständiger Lieder herausheben lassen. Denn da dieses Epos zur Zeit seiner Entstehung gewiss zum rhapsodischen Einzelvortrage bestimmt war, und aus ihm erwuchs [4]), so lässt sich eine andere Art des Dichtens kaum denken. Auch versteht es sich von

---

1) Nach Ribbeck's Recension der Köchly'schen *Ἰλιὰς μικρά* sind es auch von einander unabhängige Lieder. N. Jahrb. f. Ph. u. P. B. 85. H. 1. S. 2.

2) Man vergleiche darüber Lauer. Geschichte d. hom. Poes. S. 198; Hoffmann. Philol. III. S. 194; Bernhardy. Gr. Literaturgesch. Th. 1. S. 227; Bonitz. Ztschrft. f. öst. G. Jg. 1860. S. 245. u. 265; G. Curtius. Ztschrft. f. öst. G. Jg. 1854. S. 6 u. 91; Cauer. Ueber die Urform einiger Rhapsodien der Ilias. S. 6.

3) Lachmann. A. a. O. S. 2. Nitzsch. Philol. Jg. XVII. S. 5. Hoffmann. A. a. O. S. 194.

4) Wolf. Proleg. CVIII; Nitzsch. A. a. O. S. 6; Lauer. A. a. O. S. 204; O. Müller. Gesch. d. gr. Lit. I. S. 66 ff; Welcker. Ep. Cykl. I. 123.

selbst, dass Beziehungen, ja ein formell ziemlich enger Zusammenhang mit andern Liedern desselben Sagenstoffes nicht im Mindesten hinderte, als selbständiges Lied einzeln vorgetragen zu werden. [1]) Nur verlangen wir von ihm, dass es das feste Centrum einer Haupthandlung enthalte, und so auch ohne Verbindung mit andern Liedern auf eine gewisse Einheitlichkeit und auf ein selbständiges Interesse Anspruch machen könne. [2]) Nach den Grundsätzen der Liedertheorie ist ja eben die Einheitlichkeit im Einzelliede zu suchen.

Andererseits wird man aber zugeben müssen, dass es sowohl mit der Einheitlichkeit, als auch Selbständigkeit eines Liedes vorbei sei, wenn dasselbe nur eine mittelpunktslose Gruppe von Situationen ist, die erst durch ihre Verbindung mit dem Ganzen, dem sie als Theil angehören, Leben und den vom Dichter bezweckten Sinn erhalten, oder wenn dasselbe mit einem andern Liede in so innigem und innerlichem Verbande steht, dass es nur in Verbindung mit diesem recht verstanden werden kann, weil es eben nicht anders, als um verbunden damit gesungen zu werden, gedichtet worden ist. [3])

Ein solcher Fall liegt vor, wenn man mit Köchly und Näke die Lachm. 2. Fortsetzung als eigenes Lied fassen will. Dazu fehlen ihm, wie schon Hoffmann und Lauer [4]) richtig bemerkten, die zwei Haupterfordernisse eines Liedes: Abgeschlossenheit und Einheitlichkeit der Handlung.

Wir vermissen zuvörderst einen passenden Eingang. Köchly und Näke suchen nun allerdings diesem Mangel dadurch abzuhelfen, dass ersterer aus den zusammen-

---
1) Lauer. A. a. O. S. 198; Hoffmann. A. a. O. S. 194.
2) Cauer. A. a. O. S. 6.
3) Lauer. A. a. O. S. 198.
4) Hoffmann. A. a. O. S. 196; Lauer A. a. O. S. 208.

geschweissten Versen 489 und 429 ein Exordium zu bilden versucht [1]); letzterer zwei Schlussverse der Lachm. 1. Fortzung v. 488 und 489 als Eingang seines zweiten Liedes verwendet. [2]) Aber diese beiden Konjekturen, besonders die Näke's, sind ebenso willkürlich, als sie unnatürlich und zweckverfehlend sind. [3]) Nicht im Vermissen eines entsprechenden Eingangsverses liegt der Mangel an Abgeschlossenheit, sondern darin, dass der die eigentliche Handlung vermittelnde Eingang dem Liede fehlt.

Die Handlung der 2. Fortsetzung, die mit der Klage Achill's beginnt, v. 349

$$\delta\alpha\varkappa\varrho\acute{v}\sigma\alpha\varsigma\ \dot{\varepsilon}\tau\acute{\alpha}\varrho\omega\nu\ \check{\alpha}\varphi\alpha\varrho\ \check{\varepsilon}\zeta\varepsilon\tau o\ \nu\acute{o}\sigma\varphi\iota\ \lambda\iota\alpha\sigma\vartheta\varepsilon\acute{\iota}\varsigma,$$

verhält sich nämlich zum Schlusse des Lachm. Liedes, d. i. zum Raub der Briseis als Folge und zwar als unmittelbare.

Dies liegt nicht nur in der Natur der Sache, dass auf eine erlittene und erkannte Beleidigung die Schmerzens-

---

1) „Fac enim, quod collatis 489 et 429 satis probabile videtur, ante 349 δακρύσας etc. positum fuisse hujuscemodi versum:

Αὐτὰρ ὁ χωόμενος κούρης | πόδας ὠκὺς Ἀχιλλεύς,

nec quidquam ad exordii integritatem desiderabis." Zürcher. U. Progr. 1857. p. 19.

2) „Fortasse ex Μήνιδος conclusione poeta novi carminis initium ceperat. Ita:

Αὐτὰρ ὁ μήνιε νηυσὶ παρήμενος ὠκυπόροισιν
Διογενὴς Πηλέος υἱὸς πόδας ὠκὺς Ἀχιλλεύς ·
349. δακρύσας δ' ἑτάρων ἄφαρ ἕζετο νόσφι λιασθείς;

et quae sequuntur...." Opusc. J. p. 269.

(ex Μήνιδος conclusione, weil Näke die 1. Fortsetzung als ursprünglichen Abschluss des Menisliedes betrachtet.)

3) Auf das Ungereimte der Konjektur Näke's hat schon Köchly (p. 26.) hingewiesen, indem sich dem 1. Verse, der uns Achill an den Schiffen sitzend zeigt, sehr unpassend die nächsten Verse anfügen. die ihn weinend am Meeresstrande sitzen lassen.

äusserung als nächste Folge sich einstellt, sondern Stellen in der 2. Fortsetzung geben den Beleg, dass es auch in der Absicht des Dichters gelegen war, sein Stück zeitlich eng an das vorhergehende anzuschliessen. Man vergleiche nur v. 389 ff., wo Achill von der eben stattfindenden Zurückführung der Chryseis und von der gerade (νέον) erfolgten Abholung der Briseis spricht:

v. 389. τὴν μὲν γὰρ σὺν νηὶ θοῇ ἑλίκωπες Ἀχαιοί
ἐς Χρύσην πέμπουσιν, ἄγουσι δὲ δῶρα
ἄνακτι·
τὴν δὲ νέον κλισίηθεν ἔβαν κήρυκες ἄγοντες
κούρην Βρισῆος,...

Auch lässt sich das δ α κ ρ ύ σ α ς ἑτάρων ἄφαρ ἕζετο .... (v. 349) nur als Aeusserung frischen Schmerzes fassen. [1])

Doch dieser enge zeitliche Zusammenhang würde der Selbständigkeit des Köchly'schen zweiten Liedes keinen Eintrag thun, wenn es sich nur um eine bloss äusserliche auf Weiterspinnung der Handlung beruhende Folge handelte. Denn da nach Lachmann [2]) „zu Anfang der Lieder auch scheinbar sehr enge Verbindungen im Gebrauch gewesen sein müssen", so konnte der Sänger leicht mit Einem Worte den Zuhörer auf den Punkt setzen, von dem er ausgehen wollte. [3])

---

1) Vgl. Nägelsbach. Anmerkungen zur Ilias. S. 82; Bergk. Ztschrft. f. Alterthumswiss. Jg. 1846. S. 494; Näke. A. a. O. p. 269; Lauer. A. a. O. S. 205.
Es ist daher sonderbar, wie O. Müller (Kl. Schrftn. I., 463) die Ansicht aufstellen konnte, dass das πολλὰ δὲ μητρὶ φίλῃ ἠρήσατο v. 351 wohl längere Zeit gedauert haben könne. H. Voss übersetzt den V. 349, indem er sich von seinem natürlichen Gefühl leiten liess: „Weinend setzte sich schnell, abwärts...." obwohl im griechischen Texte dieser Ausdruck fehlt.
2) A. a. O. S. 2.
3) Hoffmann. A. a. O. S. 194; Cauer. A. a. O. S. 6.

Aber anders stellt sich die Sache, wenn dieser Zusammenhang ein **innerer**, ein im Wesen der Handlung begründeter ist, d. h. wenn zwei aufeinanderfolgende Handlungen durch das „Gesetz innerer Nothwendigkeit" mitsammen verbunden sind, wie es mit unseren beiden Liedern der Fall ist. Raub der Chryseis und Klage Achill's, — Beleidigung und Rachegedanke — verhalten sich zu einander, wie Ursache und Wirkung; beide Handlungen stützen und bedingen sich gegenseitig, jede verlangt die andere als nothwendige Ergänzung.

Es sind damit beide Partieen nicht bloss durch den Faden einer fortlaufenden Erzählung verbunden, sondern es waltet zwischen ihnen ein Kausalnexus vor, der ein Unterbrechen der engverschlungenen Handlung durch Anheben eines neuen Liedes nicht gestattet, geschweige denn, wie Köchly meint, den alleinigen Vortrag des einen oder anderen Theiles.

Fordert nun schon der Begriff eines abgeschlossenen, selbständigen Liedes, dass kein Moment fehle, das unentbehrlich für die richtige Auffassung der eigentlichen Handlung ist [1]), so ist die Aufnahme dieses Momentes, nämlich des Raubes der Briseis, um so mehr geboten, als darauf der ganze Effekt der folgenden Partie beruht. [2])

Wie soll der Zuhörer die Klage Achill's nach ihrem

---

1) Vgl. Minckwitz. Vorschule z. Hom. S. 255.

2) „Hätte man das (Lied) von der Thetis an das Ende des Liedes vom Zorn des Achill (v. 1—347 und v. 430—492) anfügen wollen, so würde der Effekt, den Achill's Flehen zu seiner Mutter **unmittelbar** nach der ihm widerfahrenen Beleidigung hat, vollständig verloren gegangen sein. Für dieses Flehen des Achill war daher der Platz nothwendig bestimmt nach der Abholung der Briseis, wodurch die Beleidigung erst thatsächlich wird." (Lauer. A. a. O. S. 209.)

ganzen Gehalte erfassen, wenn nicht seine Stimmung durch die **unmittelbar** vorhergehende Beleidigung vorbereitet wurde? Dazu genügt aber nicht, dass er vermöge seiner Bekanntschaft mit dem Sagenstoffe sich den **Inhalt** des vorhergehenden Stückes vergegenwärtigt, sondern er muss durch die Effektkunstmittel der **Darstellung selbst** erst auf jene Höhe gestimmt werden, die der Charakter der folgenden Partie verlangt.

Um es kurz zu sagen, der Zuhörer muss erst mit Achilles gelitten haben, ehe er mit Achilles klagen kann. Dieser Effekt aber, den das Anhören von Achill's Klage unmittelbar auf die erfolgte Beleidigung macht, wird durch das Vorgehen Köchly's, aus der Klage mit den sich anschliessenden Scenen ein **unabhängiges**, also auch **für sich** sangbares Lied zu bilden, vollständig vernichtet.

Denn der Köchly'sche Eingangsvers

$$\text{αὐτὰρ ὁ χωόμενος κούρης πόδας ὠκὺς Ἀχιλλεύς}$$

versetzt uns nur im Allgemeinen in die Zeit des Grolles und erst im Verlaufe der Erzählung merken wir, dass die Beleidigung unmittelbar vorhergegangen sei, aber des Eindruckes dieser ermangeln wir, da wir vom Menisliede nichts zu hören bekommen.

Um diesem doppelten Mangel abzuhelfen, müsste daher das Köchl. zweite Lied in ununterbrochener Aufeinanderfolge mit dem Lachm. Menisliede v. 1—347 gesungen werden, also in ein Abhängigkeitsverhältniss treten, das den Anforderungen der Liedertheorie, die — **für den Einzelvortrag bestimmte Lieder von selbständig abgeschlossener Handlung** verlangt, geradezu widerspräche.

Dann ist aber auch das Köchly'sche Exordium überflüssig. —

Ohne zu dieser Annahme zu greifen, sehe ich nur Einen Ausweg, wodurch dieser Vorwurf fehlender Abgeschlossenheit vermieden würde; darin nämlich, dass man die Abholung der Briseis zum zweiten Köchl. Liede schlägt, oder wenigstens annimmt, der Verfasser des Thetisliedes habe diese Partie v. 318—348 als Eingang seines Gedichtes benützt. Eine solche Verwendung fremder Liedesabschlüsse zu Eingängen neuer Stücke scheint auch die Liedertheorie gelten zu lassen; denn Näke lässt ebenfalls den Verfasser der $T\iota\mu\acute{\eta}$ die Schlussverse der $M\tilde{\eta}\nu\iota\varsigma$ als Exordium benützen.¹) Auch G. Hermann und Lachmann kennen diese Erscheinung. ²)

Doch wie dem sein mag, ob das ganze Lachm. Lied vorausgegangen sei, oder nur ein Theil, soviel ist gewiss, dass der Raub der Briseis zum zweiten Köchl. Liede gezogen werden müsse, falls dieses auf Abgeschlossenheit Anspruch machen will. Dass es auch in der Absicht des Verfassers des Thetisliedes gelegen sei, zeigt deutlich die ganze Art des Anschlusses.

Bekämen wir nun auch auf diese Art einen entsprechenden Eingang, und wäre damit der Mangel an **Abgeschlossenheit** beseitigt, so fehlt uns doch zu einem selbständigen Liede die **Einheitlichkeit** der Handlung.

Wir haben keinen Mittelstock eines Faktums, das für sich selbständiges Interesse hätte, sondern eine engverschlungene Kette von Folgen, einen — sit venia verbo — epischen Syllogismus, dessen Glieder nach keinem gemeinschaftlichen Mittelpunkte schauen, sondern nach vorwärts und rückwärts weisen.

Die Wichtigkeit der Partie erfordert ein näheres Eingehen auf diesen Punkt.

Das ganze zweite Köchly'sche Lied oder Lachm. 2. Fortsetzung sondert sich auf den ersten Blick in drei Theile von ziemlich gleichem Umfange:

---

1) Opusc. I. p. 268.
2) G. Hermanni Opusc. V. p. 68. Lachmann. A. a. O. S. 30.

Achill und Thetis v. 348—429.
Thetis und Zeus v. 493—531.
Zeus und Here v. 531—611.

Alle drei Gruppen sind örtlich und zwei derselben auch zeitlich von einander scharf geschieden. Die erste spielt am einsamen Meeresstrande (v. 350) am Tage des Streites, die zweite eilf Tage später (v. 493), die dritte gleich darauf im Palaste des Zeus (v. 533). Nun ist allerdings die Erzählung unter sich im engen Zusammenhange, und wir bekämen, besonders, wenn wir den Raub der Briseis als Eingang benützen, durch Zusammenziehung der beiden ersten Gruppen ein Lied von leidlicher Einheitlichkeit, für das der Titel $\mathit{Λιταί}$ oder $Τιμή$ passte. Aber v. 531 folgt mit der Götterscene im Palaste des Zeus eine Partie, die nach Inhalt und Umfang die frühere Einheitlichkeit gänzlich aufhebt. Durch den breitgeschilderten Streit des Zeus mit seiner händelsüchtigen Ehehälfte wird nicht nur das ganze Centrum verrückt, oder besser gesagt, ein neues geschaffen, sondern der ganze Inhalt dieses Stückes hat vom Standpunkte des Köchlyschen Liedes für solches gar kein Interesse, ja man wäre fast versucht, diese Partie als nicht dazu gehörig zu betrachten, wenn nicht die deutlichen Hinweisungen der vorhergehenden Thetis-Zeus-Scene (vgl. v. 515—523) auf das Folgende, dieselbe unentbehrlich erscheinen liessen, und uns auf den Zweck des Dichters aufmerksam machten.

Stellen wir uns nämlich diese drei völlig dramatischen Gruppen auch dramatisch aufgeführt vor's Auge, und denken uns das epische Element derselben durch Scenerie und Gestikulation ersetzt, so haben wir das vollendete Vorspiel eines Intriguenstückes vor uns, dessen Lösung wir freilich von den Thesen der extremen Liedertheorie nicht erwarten dürfen.

Es liegt nicht im Zwecke dieser Untersuchung, dieses

Thema weiter zu verfolgen, in wiefern uns die Anlage der 2. Fortsetzung zur Annahme einer **Epopöe** berechtigt, und die **Spuren** derselben in unserer Ilias aufzusuchen, aber soviel ist gewiss, dass, wenn irgendwo, wir im **Verfasser dieser Partie den unsterblichen Homer, den Dichter einer Achilleis zu suchen haben**. —

Doch die kunstreiche Behandlung und Anlage dieses Stückes, so schön sie für eine Epopöe sein mag, für deren Existenz sie schlagend spricht, hat für Köchly's Lied, besonders in diesen Gränzen, das als solches nicht nach einem über das Lied hinausgehenden Plane gedichtet ist, sondern nach Wolf und Lachmann nur ein einzelnes Faktum aus dem Sagenkreise umfasst, keinen Werth.

Würden daher nicht die Schönheit seines Abschlusses v. 531—611, dessen malerische und psychologische Feinheiten, kurz die ganze geistreiche Anlage desselben schon gegen Köchly's Annahme sprechen, so müssten wir von seinem Standpunkte aus dem Liede das nachsagen, was Lachmann über einen andern, wie er glaubt, unnöthigen Zusatz seines dritten Liedes (Γ 384—448) sagt: „So verfehlt nur ein Nachdichter das Ebenmass."

IV.

Die zweite Fortsetzung ist Abschluss unseres Menisliedes.

Diesen Mangel an Abgeschlossenheit und Einheitlichkeit haben nebst Lachmann, der es eben deshalb nur als Fortsetzung gelten lässt, besonders Hoffmann und Lauer stark betont und erklärt, dass, um dieses Missverhältniss aufzuheben, der Inhalt des Lachm. Liedes, also der „Streit der Könige" vorangehen müsse, natürlich in Vereinigung beider grossen Partieen zu Einem Liede. Da ihnen aber die zwischen beiden Stücken herrschenden Widersprüche dieser Annahme entgegenzustehen schienen, so sind diese beiden Kritiker auf eine Ansicht geführt worden, die, dem ersten Ansehen nach, als treffend erscheint.

Man könne nämlich, glauben sie, mit ziemlicher Sicherheit annehmen, dass es mehrere Darstellungen vom Hader der Könige gegeben habe, die wohl in den Hauptpunkten, nicht aber in allen Einzelnheiten übereinstimmten. Eine solche andere Beschreibung des „Streites" habe den Anfang dieses Thetisliedes gebildet, in der vielleicht das Auftreten Athena's gar nicht erwähnt, und Apollon's Wirksamkeit bloss „angedeutet" war; diese habe man jedoch bei der späteren Redaktion der homerischen Gedichte mit der unserigen vertauscht, weil man Gründe hatte, letztere vorzuziehen. ¹) Es lässt sich nicht leugnen, dass bei Annahme eines abgesonderten ²) Vortrages des Menisliedes, und zwar von abweichender Darstellung, diese Ansicht viel Verführendes hat. Die leidigen Widersprüche, die den Gelehrten so viel Kopfbrechen verursachen, fänden dadurch ihre Erklärung und der Verfasser der 2. Fortsetzung wäre vom Vorwurf Lachmann's gereinigt, dass „es ihm nicht ganz gelungen sei, sich auch in den Einzelnheiten in die Anschauung des ersten Dichters zu versetzen." ³) —

Wenn nur nicht aus den Beziehungen der Thetispartie auf das Lachm. Lied zur Evidenz hervorgienge, dass ersteres Stück in Hinblick auf unsern Streit der Könige gedichtet sei!

Schon Hiecke hat gegen die Hoffmann-Lauer'sche Ansicht geltend gemacht, dass, wenn der Verfasser des zweiten Stückes einen passenden Anfang zu diesem Stücke gedichtet hat, es der Dichter des erstern wohl auch nicht an einem harmonischen Abschlusse habe fehlen lassen, zumal da weder v. 347 noch v. 492 einen befriedigenden Ausgang bilden. Wie man aber dann von der einen Bearbeitung die erste Hälfte genommen habe, von der andern die zweite, sei nicht minder befremdlich, als, wie gerade unter dieser Voraussetzung die sachliche Disharmonie habe verborgen bleiben können. ⁴)

Ich kann jetzt an die frühere Bemerkung Hiecke's nicht anknüpfen, um dem Inhalte des nächsten Abschnittes nicht

---

1) Hoffmann; Philol. III. S. 197. Lauer. A. a. O. S. 208.
2) Vom Lachm. Standpunkte aus.
3) A. a. O. S. 6.
4) Greifsw. Sch. Progr. 1857. S. 4.

vorzugreifen, sondern begnüge mich, die versprochenen Beziehungen anzugeben.

Ich erwähne hier vor Allem die von Aristarch als ἀνακεφαλαίωσις ¹) verworfenen, von Lachmann und Köchly mit Recht vertheidigten Verse 366 ff. in der Rede Achill's zu seiner Mutter:

ᾠχόμεϑ᾽ ἐς Θήβην, ἱερὴν πόλιν Ἠετίωνος κτλ.

---

1) Die Unzulässigkeit dieser Athetese ergibt sich am Besten, wenn man die Bitte Achill's nach Elidirung der sieben und zwanzig verdächtigten Verse liest, also auf v. 365 gleich v. 393 folgen lässt.
v. 365. οἶσϑα· τίη τοι ταῦτα ἰδυίῃ πάντ᾽ ἀγορεύω;
v. 393. ἀλλὰ σύ, εἰ δύνασαί γε, περίσχεο παιδὸς ἑῆος·
Hier findet das ἀλλά keine rechte Stütze, wenn die Beleidigung nicht angeführt ist; ebenso verliert das σύ seinen Gegensatz (v. 392). Der Irrthum Aristarch's beruht offenbar auf falscher Auffassung des v. 365, der ihm eine Erzählung der vorhergehenden Ereignisse überflüssig zu machen schien, während er doch seiner ganzen Fassung nach als rhetorische Frage uns eine ziemlich ausführliche (πάντα u v. 363) Schilderung erwarten lässt. Ueberdies verstösst die Ausscheidung der Partie gegen die Natur des Schmerzes, dessen Linderung in der Mittheilung des verursachenden Umstandes besteht: „denn jede Mutter wird in solchen Fällen sich erzählen lassen, und jeder Sohn wird in solchen Fällen erzählen."

Auch ist unter der Annahme Aristarch's nicht einzusehen, warum dann Achilles seiner Mutter das Geschichtchen, wie sie den Zeus gerettet hat, (v. 396—406) noch ausführlich zu erzählen braucht, das sie gewiss selbst am besten weiss, und wobei eine Andeutung genügt hätte; sintemal sie diesen Rath Achill's, den Zeus an diese Verpflichtung zu mahnen, gar nicht respektirt, sondern es beim einfachen εἴποτε... ὄνησα ἢ ἔπει ἢ ἔργῳ bewenden lässt.

Wenn übrigens Aristarch meint, die fraglichen Verse 366—392 seien ein blosses παλιλλογεῖν (Schol. A. zu 365), so hat er sie nicht gehörig gewürdigt. Abgesehen davon, dass diese übersichtliche Wiederholung „ein Meisterstück bündiger Erzählung" ist, weist sie zudem Feinheiten auf, deren berechnete Wirkung schon den Alexandrinern nicht entgangen ist. (Schol. zu 384 u. 386). Man vergleiche darüber,

Hier werden uns mit denselben Versen, wie in **unserem** Lachm. Liede, die vorhergehenden Ereignisse erzählt, und zwar, was das Beachtungswerthe ist, in der Art, dass genau die **epischen** Stellen uns den Verlauf der Handlung geben, die **dramatischen** hingegen ausgelassen sind.

v. 371—375 = v. 12—16.
v. 376—379 = v. 22—25.

Bis hieher hat also der Verfasser des Köchl. Thetisliedes jedenfalls **unser** Lachm. Lied vor sich gehabt, oder das Lied, dem er seine Stellen entnahm, war wenigstens bis hieher identisch mit **unserem**.

In der weiteren Erzählung Achill's von den folgenden Thatsachen, vom Gebet des Priesters Chryses und dem Pfeilschuss des Apollo, wo eine vollständige Anführung nicht möglich ist, weil nicht, wie in der früheren Partie, die Handlung in Schlagverse gefasst ist, auch wohl Achill nicht diese Ereignisse selbst, sondern nur ihre Folgen kennt, werden uns wenigstens die Hauptmomente mit denselben Ausdrücken, wie im Lachm. Liede, gegeben. Vgl.

v. 381. .... τοῖο δ' Ἀπόλλων
εὐξαμένου ἤκουσεν mit
v. 43. Ὡς ἔφατ' εὐχόμενος· τοῦ δ' ἔκλυε
Φοῖβος Ἀπόλλων.

Und nun das Wichtigste, die Stellen, die sich auf die Wirksamkeit Apoll's und die Pest beziehen. Vgl.

v. 382. ἧκε δ' ἐπ' Ἀργείοισι κακὸν βέλος mit
v. 51. αὐτὰρ ἔπειτ' αὐτοῖσι βέλος ἐχεπευκὲς
ἐφιείς

---

was Köchly in seiner trefflichen Vertheidigung der Verse sagt. (A. a. O. p. 21). Ferner Nägelsbach. A. a. O. S. 85; Hiecke. A. a. O. S. 7; Näke. A. a. O. p. 565. „Non usitatum Homero repetitionis genus." Hingegen Lachmann. A. a. O. S. 7. „die Anakephaläosis ist sehr schön in einem andern Liede, in einer Fortsetzung, die so an einen beliebten Gesang zurück erinnert."

v. 382. ..... οἱ δέ νυ λαοί
θνῇσκον ἐπασσύτεροι, mit
v. 52. ... αἰεὶ δὲ πυραὶ νεκύων καίοντο θαμειαί.
v. 383. .... τὰ δ' ἐπῴχετο κῆλα θεοῖο
πάντῃ ἀνὰ στρατὸν εὐρὺν Ἀχαιῶν ... mit
v. 53. ..... ἀνὰ στρατὸν ᾤχετο κῆλα θεοῖο,
Aus diesen letzteren Ausdrücken v. 282 ff. geht nicht allein klar hervor, dass der Dichter des Thetisstückes ein Lied vor sich hatte, das die Wirksamkeit Apollo's nicht bloss „andeutete", sondern auch erzählend ausführte, sondern der Umstand, dass alle auf jene Scenen des ersten Liedes bezüglichen Stellen identisch mit denen des letzteren sind, beweist, glaube ich, zu Genüge, dass er unser Lied excerpirte. Es war also dem Dichter nicht aus „Unkenntniss" der Widerspruch mit dem vorangehenden Stück hineingekommen.

Ja noch mehr. Da die in den Versen 382 ff. vorkommenden Ausdrücke, welche uns den Pfeilschiessenden Apollo vergegenwärtigen, wie in der Form, so auch gewiss der Bedeutung nach, identisch mit den entsprechenden des Lachm. Liedes sind, so folgt daraus, dass die 2. Fortsetzung, in der sie stehen, selbst an demselben Widerspruche leide, dessentwegen unter Anderem Hoffmann und Lauer eine andere Darstellung des Streites als vorausgehend annahmen. Denn v. 383 fliegen noch die Pfeile des Gottes und schon nach vierzig Versen. geschieht die Erwähnung der äthiopischen Reise (v. 423). Auch Lachmann ist dieser Widerspruch entgangen, erst Düntzer hat ihn aufgedeckt.[1])

In der weiteren Erzählung Achill's werden die Resultate der Volksversammlung, Zurücksendung der Chryseis und Abholung der Briseis ebenfalls in den gleichen Aus-

---

1) Allg. Monatschr. 1850. II. S. 281. Vgl. Hiecke. A. a. O. S. 6 ff.

drücken wiedergegeben, deren sich Agamemnon (im Lachm. Liede) bedient hatte; natürlich, so weit es die Fügung erlaubt v. 181 droht Agamemnon dem Achilles

..... ἀπειλήσω δέ τοι ὧδε.
ὡς ἔμ᾽ ἀφαιρεῖται Χρυσηίδα Φοῖβος Ἀπόλλων,
τὴν μὲν ἐγὼ σὺν νηί τ᾽ ἐμῇ καὶ ἐμοῖς ἑτάροισιν
πέμψω, ἐγὼ δέ κ᾽ ἄγω Βρισηίδα καλλιπάρῃον
αὐτὸς ἰὼν κλισίηνδε, τὸ σὸν γέρας, ὄφρ᾽....

Man vergleiche damit die Worte Achill's v. 388 ff.

ἠπείλησεν μῦθον, ὃ δὴ τετελεσμένος ἐστίν.
τὴν μὲν γὰρ σὺν νηὶ θοῇ ἑλίκωπες Ἀχαιοί
ἐς Χρύσην πέμπουσιν, ἄγουσι δὲ δῶρα ἄνακτι·
τὴν δὲ νέον κλισίηθεν ἔβαν κήρυκες ἄγοντες
κούρην Βρισῆος, τήν μοι δόσαν υἷες Ἀχαιῶν [1])

Ebenso entspricht die Bitte Achill's, die Thetis an Zeus überbringen soll v. 409—412, mit ihrem Zwecke v. 412, genau seinem Drohschwur v. 244 ff., v. 344 ff. und v. 171.

Wem jedoch diese Beziehungen auf unser Lied nicht genügen, den verweise ich auf die ausführliche Tabelle, die Köchly im Zürcher-Programm v. J. 1857 S. 20 mittheilt, und woraus ich nur die wichtigsten Vergleichungen heraushebe. Man vergleiche

v. 349. ἑτάρων - νόσφι λιασθείς,
mit v. 35. ἀπάνευθε κιών.
v. 350. θῖν᾽ ἔφ᾽ ἁλὸς πολιῆς,
mit v. 34. παρὰ θῖνα πολυφλοίσβοιο θαλάσσης.
v. 351. πολλὰ δὲ μητρὶ φίλῃ ἠρήσατο
mit v. 35. πολλὰ ... ἠρᾶθ᾽ ὁ γεραιός || Ἀπόλλωνι ἄνακτι.
v. 398. ἀεικέα λοιγὸν ἀμῦναι = v. 67, und 341.
v. 563. τὸ δέ τοι καὶ ῥίγιον ἔσται = v. 325.
v. 566. μή νύ τοι οὐ χραίσμωσιν mit v. 28.

---

1) v. 162 .... δόσαν δέ μοι υἷες Ἀχαιῶν·

v. 588 ff. *οὔ τι δυνήσομαι ἀχνύμενός περ χραισμεῖν* mit v. 241.
v. 568. *ὡς ἔφατ᾽, ἔδδεισεν δὲ* = v. 33 u. s. w.

Dieses möge genügen, um der Hypothese Hoffmann — Lauer's die Stütze zu entziehen und zugleich die Bemerkung Lachmann's zu entkräften, dass es dem Verfasser der 2. Fortsetzung nicht ganz gelungen sei, sich auch in den Einzelnheiten in die Anschauung des Dichters vom Menisliede zu versetzen.

Ich habe absichtlich nicht die ganze Tabelle Köchly's angeführt, erstlich um nicht unnöthigerweise zu ermüden, und dann deshalb nicht, weil ich glaube, dass Köchly hiebei in manchen Stücken entschieden zu weit gegangen ist, und beabsichtigte Beziehungen findet, wo diese nur aus der Aehnlichkeit der Situation, oder aus dem gemeinsamen epischen Sprachfonde zu erklären sind.[1]) Wenn er z B. in *πάροιθ᾽ αὐτοῖο καθέζετο δακρυχέοντος, χειρί τέ μιν κατέρεξεν* v. 360 ff. eine Nachahmung von *στῆ δ᾽ ὄπιθεν, ξανθῆς δὲ κόμης ἕλε Πηλείωνα* v. 197 findet; oder im *ἀπὸ θυμοῦ μᾶλλον ἐμοὶ ἔσεαι* v. 562 eine von *ἔχθιστος δέ μοί ἐσσι* v. 176.

Dieses übertriebene Haschen nach Uebereinstimmungen mag seinen Grund in einer Lieblingsidee Köchly's haben, dass zwischen seinen beiden ersten Liedern ein beabsichtigter Parallelismus nach Anlage und Ausführung bestehe, so zwar, dass das zweite gleichsam eine Kopie (quasi congruens imago) des ersten bilde.

Dann muss man sich aber auch billig wundern, warum Köchly unter dieser seiner Voraussetzung nicht sein erstes Lied mit v. 33, also mit der Racheklage des Priesters Chryses beginnt, entsprechend der unvermittelt eintretenden

---

1) Vgl. Friedländer. N. Jahrbücher für Philol. u. Päd. B. 79, H. 9. S. 581.

Klage Achill's v. 348, oder besser gesagt, warum er nicht, da er v. 1—32 die veranlassende Beleidigung zum ersten Liede rechnet, konsequenter Weise auch im zweiten Liede die Ursache der Klage, den Raub der Briseis, vorangehen lässt, mithin bei v. 318 die beiden Lieder abtheilt.

Dass aber in Ton und Behandlungsweise, in Stil und Metrum, zwischen der 2. Fortsetzung und dem Lachm. Liede eine unverkennbare Aehnlichkeit herrscht, mag auch der Grund dieser Erscheinung anderswo zu suchen sein, als wo ihn Köchly und Lachmann zu finden glauben, wird jeder zugeben, der den ersten Gesang aufmerksam anhört.

Dem wird auch dann auffallen, dass das Gleichniss der 2. Fortsetzung

$\varkappa\alpha\rho\pi\alpha\lambda\ell\mu\omega\varsigma\ \delta'\ \dot\alpha\nu\acute\epsilon\delta\upsilon\ \pi o\lambda\iota\tilde\eta\varsigma\ \dot\alpha\lambda\grave o\varsigma\ \dot\eta\ddot\upsilon\tau'\ \dot o\mu\acute\iota\chi\lambda\eta$, v. 359

ganz in der kurzen Art der beiden Gleichnisse des Lachm. Liedes gedichtet ist $\dot o\ \delta'\ \ddot\eta\iota\epsilon\ \nu\upsilon\varkappa\tau\grave\iota\ \dot\epsilon o\iota\varkappa\acute\omega\varsigma$. v. 47 und $\ddot o\sigma\sigma\epsilon\ \delta\acute\epsilon\ o\dot\iota\ \pi\upsilon\rho\grave\iota\ \lambda\alpha\mu\pi\epsilon\tau\acute o\omega\nu\tau\iota\ \dot\epsilon\acute\iota\varkappa\tau\eta\nu$. v. 104; wenn auch daraus mit Haupt (Zusätze z. Lachm. Betrchtgn. S. 99) bloss zu folgern ist, dass „der Verfasser der zweiten Fortsetzung nicht ohne Gefühl für die Darstellungsweise des Gesanges war, den er weiterführen wollte".

Auch eine andere Eigenthümlichkeit des Ausdruckes wird nicht unbeachtet bleiben, die Wortanaphora [1]), die sich zwar, weil sie aus der Lebendigkeit der Darstellung selbst hervorgeht, auch in andern Gesängen der Ilias findet, wie überhaupt in den Dichtungen aller Völker, aber gewiss nicht in dieser Häufigkeit und Mannigfaltigkeit, wie in unseren beiden Stücken.

Wir finden sie bei den Präpositionen $\epsilon\dot\iota\varsigma$ v. 141 ff., v. 309 ff., $\dot\epsilon\varkappa$ v. 436 ff. und $\pi\rho\acute o\varsigma$ v. 339 ff., bei den Ad-

---

1) Vgl. A. Jacob. Ueb. d. Entst. d. Il. u. d. Od. S. 166 ff.

jektiven κάρτιστος v. 226 ff. und πᾶς v. 287 ff. [1]), so wie bei Zeitwörtern v. 313 ff. [2]) Am häufigsten natürlich als Verstärkung der Negation οὐ, οὔτε, μή,.

Ich führe nur die ausgeprägtesten Stellen an (mit Ausschluss des οὔτε — οὔτε): v. 152. ff., 226 ff., 526 ff., 547 ff., 550 ff. — Ob auch eine metrische Erscheinung, die vorzugsweise dem ersten Gesange angehört, hier Erwähnung verdient, will ich nicht entscheiden. Es ist die scharfausgeprägte Cäsur im oder nach dem ersten Fusse (Diäresis), meistens zur Hervorhebung eines wichtigen Momentes, das der Wortreihe nach noch zum vorhergehenden Verse gehört.[3]) Vgl.

αὐτὰρ ἔπειτ' αὐτοῖσι βέλος ἐχεπευκὲς ἐφιείς
v. 52. βάλλ' · | αἰεὶ δὲ πυραὶ νεκύων καίοντο
θαμειαί. —
τοῦτο γὰρ ἐξ ἐμέθεν γε μετ' ἀθανάτοισι
μέγιστον
v. 526. τέκμωρ · || οὐ γὰρ ἐμὸν παλινάγρετον οὐδ'
ἀπατηλόν.

Vergleiche noch v. 52, 143, 144, 296, 501, 506, 519, 523.

Auch im 2. Fusse v. 12, 160, 241, 330, 356, 404.

Soviel über das Verhältniss der 2. Fortsetzung zum Lachm. Liede.

---

1) Vgl. B. 382 ff. εὖ μέν τις ....
2) λαοὺς δ' Ἀτρείδης ἀπολυμαίνεσθαι ἄνωγεν.
οἱ δ' ἀπελυμαίνοντο καὶ ....
Streng genommen wohl keine Anaphora; vgl. v. 610 u. 611 und X 515 .. ... ἐπὶ δὲ στενάχοντο γυναῖκες.
Ψ. 1. Ὡς οἱ μὲν στενάχοντο κατὰ πόλιν ....
3) Vielleicht schon von Hoffmann in seinen Quaest. hom. erwähnt, die mir leider gegenwärtig noch nicht zur Hand sind.

V.

Verhältniss des Lachmann'schen Liedes zur zweiten Fortsetzung.

Wir haben nun vom Standpunkte der Lachm. 2. Fortsetzung oder des Köchl. Thetisliedes die Gründe dargelegt, welche dafür sprechen, dass dieses letztere Stück als Abschluss des Lachm. Menisliedes zu betrachten sei, indem Anlage und Beziehungen darauf hinweisen, und der Inhalt nothwendig dieses zur Ergänzung verlangt.

Damit ist die Frage nach der Einheitlichkeit beider Partieen in Hinsicht auf den Dichter keineswegs erledigt; denn es bliebe noch immer die Annahme offen, der Verfasser des Köchl. Thetisliedes habe ersteres vom „Hader" zur Schöpfung eines grösseren, beide Stücke umfassenden Liedes gebraucht.

Ich gebe nun vor allem die Möglichkeit zu, dass dem uns überlieferten Stücke A 1—347 ein altes Lied als ursprünglicher Kern zu Grunde liege, das den Hader der Könige mit seinen nächsten Folgen als abgeschlossenes Thema umfasste.[1]

---

[1] Ja ich möchte fast behaupten, dass noch Bruchstücke eines zweiten, eines alten Pestliedes darinstecken, welches der Dichter verkürzt und entsprechend verändert, als Exordium für seinen Menis-

Ob aber dasselbe in der uns vorliegenden Gestalt noch als selbständiges Lied gelten könne, oder ob nicht in Folge kunstreicher Benützung und Unterordnung desselben unter ein weitergehendes Motiv seine jetzige Gestalt und Ausdehnung dem ursprünglichen Inhalte nicht mehr entspreche, ist eine andere Frage.[1])

Gelingt es nachzuweisen, dass das Lachm. Lied v. 1— 347 für sich genommen nicht abgeschlossen sei, sondern Gedanke und Anlage des Stückes eine Weiterführung verlangen, um als selbständiges Lied gelten zu können, und finden wir dieses Mangelnde in der 2. Fortsetzung oder dem für sich ebenfalls mangelhaften Köchl. Thetisliede, so

---

gesang verwendete. Es spricht dafür nicht bloss die weitläufige Ausführung dieser Einleitung zum Hauptthema, mit seiner düsterprächtigen Wirksamkeit Apoll's, die auf v. 9 zurücksieht, sondern vornehmlich der altüberlieferte Titel des Stückes, $\mathit{\Lambda o\iota\mu\acute{o}\varsigma}$, der wohl schwerlich bloss rhapsodischen Rücksichten seine Entstehung verdankt, indem die Erzählung v. 1—52 doch zu kurz und zu mangelhaft abgeschlossen ist, um allein vorgetragen worden zu sein. Höchst wahrscheinlich gab es ein altes Lied, das den v. 366 ff. berührten Zug Achill's nach Theben ($\mathit{\dot{\wp}\chi\acute{o}\mu\varepsilon\vartheta^{\prime}}$ $\mathit{\grave{\varepsilon}\varsigma}$ $\mathit{\Theta\acute{\eta}\beta\eta\nu}$ . . . .) sammt der Entführung der Chryseis und ihrer Folge, der Pest, als abgeschlossenes Ganzes umfasste und mit der Versöhnung Apoll's schloss. Mehrere andere Gründe für meine Behauptung übergehe ich jetzt. Vgl. A. Jakob. A. a. O. S. 162.

Liegt aber dem einleitenden Stücke v. 1—52 ein eigenes Lied zu Grunde, dann hätten wir im ersten Gesange den sichersten Beleg und Massstab, in welcher Art alte oder neuere, aber ursprünglich selbständige Lieder zur Schaffung grösserer Gedichte benützt wurden.

1) Auch Lachmann S. 84 gibt dies dem Prinzipe nach zu: denn er nimmt bei seinem sechszehnten Liede eine solche Verschmelzung mehrerer kleiner Lieder zu einem grösseren Ganzen an, und zwar nicht eine bloss äusserliche mechanische Vereinigung, sondern geleitet durch die umformende Thätigkeit eines Dichters, „der den ältern Liedern in der Ueberarbeitung so sehr seine eigene Farbe gegeben, dass Niemand gern an die Scheidung gehen wird,"

dürfte durch diese gegenseitige Ergänzungsbedürftigkeit die Frage nach der Einheitlichkeit beider Partieen ziemlich erledigt sein.

Dass die Beziehungen des Lachm. Liedes auf das Köchl. Thetislied schwächer sind, als die des letztern auf jenes, liegt in der Natur eines ersten Stückes. [1]) Ueberdies fallen viele derartige Hinweisungen für unsere Beweisführung fort, weil sie ebenso gut dem Dichter der 2. Fortsetzung, der nach Köchly seine Dichtung dem Lachm. Liede auf das genaueste akkommodirte, ihre Entstehung verdanken können.

So schwört z. B. Achilles v. 233 ff. einen mächtigen Eid, dass einst die Zeit kommen werde, wo sich alle Achäer von Hektor gedrängt, nach ihm sehnen werden, und in der Antwort, die er den Herolden Agamemnon's bei der Abführung der Briseis gibt, v. 338 ff., fügt er noch ein spezielles Moment hinzu, dass diese Noth bei den Schiffen eintreten werde, ὅππως οἱ παρὰ νηυσὶ σόοι μαχέοιντο Ἀχαιοί.

Diese doppelte Drohung, die durch den Schwur und durch die Hinweisung auf Hektor's Kampf um die Schiffe den Charakter der grössten Zuversichtlichkeit und Bestimmtheit erhält, kann ebenso leicht als berechnete Beziehung auf die aus der Sage oder andern Liedern bekannte künftige Noth der Achäer betrachtet werden, als sie auf die unmittelbar folgende Bitte Achill's zu seiner Mutter resp. zu Zeus gedeutet werden kann:

v. 408 ff. αἴ κέν πως ἐθέλῃσιν ἐπὶ Τρώεσσιν ἀρῆξαι,

---

1) Näke. Opusc. I. p. 267 hält das Menislied für jünger, als manche andere Lieder der Ilias; er schliesst dies auch aus dem Proömium, welches bereits vorhandene Gesänge voraussetze; dessenungeachtet will er den Inhalt desselben nur auf seine Μῆνις (v. 1—347 u. v. 430—492) bezogen wissen,

τοὺς δὲ κατὰ πρύμνας τε καὶ ἀμφ' ἅλα ἔλσαι
Ἀχαιούς...,

wenn man nicht auch hier wieder diese Berücksichtigung dem Dichter des Köchl. Thetisliedes zuschreiben will. — Ferner erklärt v. 169 Achilles auf die Schmährede des Agamemnon, nach Phthia gehen zu wollen; aber nirgends hören wir im Lachm. Liede von einer Aenderung dieses Entschlusses, und schon Zenodot hat nach Lachmann's Ansicht die Verse 488—492 deshalb verworfen, weil sie ihm der früheren Behauptung Achill's zu widersprechen schienen.[1]) Nun könnten wir freilich in v. 173, wo Agamemnon ihm Feigheit vorwirft, einen Grund für das fernere Verbleiben Achill's vor Troja finden, oder auch darin, dass der gekränkte Held persönlicher Zeuge der Erfüllung seines Racheschwurs sein will.

Doch mag diese Aenderung des Planes auch im Sinne der fortlaufenden Erzählung liegen, oder auch aus der Sage verständlich sein, der Dichter darf sie nicht verschweigen; besonders nicht „in unschuldiger Zeit", wie Lachmann sagt, „die auf bestimmte Anschauung hält."

Lässt man aber die 2. Fortsetzung als echten Liedesabschluss gelten, so hellt sich dieser Punkt durch den Auftrag der Mutter an Achill, grollend bei den schnellsegelnden Schiffen zu bleiben und sich des Kampfes zu enthalten (v. 421), bis die Achäer ihn ehren (v. 510), vollständig auf.

- Auch die feine Ironie fällt fort, die bei Zusammenfassung beider Partieen in den Worten Agamemnon's v. 174 und 175 liegt,

πάρ' ἔμοιγε καὶ ἄλλοι
οἵ κέ με τιμήσουσι, μάλιστα δὲ μητίετα Ζεύς.

---

1) Es geht dies aus den widerlegenden Gründen Aristarch's hervor, von denen man auf die Zenodot's schliessen kann. Lachmann. A. a. O. S. 93.

wenn man diese mit der entgegengesetzten Wirksamkeit des Zeus in der zweiten Fortsetzung vergleicht.

Vielleicht dürfte man auch aus v. 280 auf die Bekanntschaft des Dichters mit der Thetisscene schliessen.

Doch, wie gesagt, allen diesen genannten Beziehungen lege auch ich keine besondere Beweiskraft bei; sie erhalten eben erst dadurch, dass wir im Besitze einer 2. Fortsetzung sind, einigen Werth, während sie bei einem allfälligen Mangel dieses Stückes nicht mit Nothwendigkeit dessen Existenz beweisen würden.

Einen wichtigeren Anhaltspunkt scheint das Proömium zu bieten.

Bekanntlich hat schon F. A. Wolf in seinen Prolegomenen (CXVIII) den im Proömium angekündigten Inhalt der Ilias zu beschränkt gefunden, und daraus einen Beweis gegen die Einheitlichkeit dieses Heldengedichtes entlehnt. Auch Jakob und andere Kritiker lassen das Proömium nur auf die Gesänge berechnet sein, welche die Noth der Achäer schildern.[1]

Noch weiter gehen Näke und Köchly, welche dasselbe nur auf das Lachm. Menislied beziehen und glauben, der Dichter wolle uns nur Veranlassung und Ausbruch des Zornes erzählen, was er uns auch v. 6 u. 7 verspreche.[2]

---

1) A. Jakob. A. a. O. S. 161. „Er (der Eingang) hat beinahe das Ansehn, als ob er von einem Sänger stamme, der noch nicht alle später von Pisistratus zu seiner Ilias zusammengestellten, sondern fast nur diejenigen für homerisch gehaltenen Lieder gekannt, welche die Bedrängniss der Achäer schilderten."

1) Näke. Opusc. I. p. 268. „Illud non perspicio, quo jure omnes hoc dicere poetam credant, se tractaturum esse ista, quae versibus 2, 3, 4, 5, indicantur, omnia. Μῆνιν pollicetur: quod argumentum, quam grave sit, aptissime monstrat ex effectu: οὐλομένην, ἣ μυρί᾽ et quae seq. Tum versu 6. pergit ad suum sibi proprium argumentum se conversurus: ἐξ οὗ δὴ τὰ πρῶτα etc. „Vgl. Köchly. Zürcher U. Progr. 1857. S. 17.

Darauf hat eigentlich schon Nägelsbach geantwortet, indem er aus grammatischen Gründen nachwies, dass man v. 6 ἐξ οὗ δή .... mit προίαψεν und τεῦχε verbinden müsse. [1]) Doch wie dem sei, darüber sind wenigstens die Meisten einig, dass das Proömium als Bestandtheil des Menisliedes anzusehen sei, und nicht, wie Minckwitz [2]) glaubt, als eine von der Pisistrateischen Kommission der ganzen Ilias vorausgesetzte Inhaltsangabe.

Dieses geht schon daraus hervor, dass im letzteren Falle es die attische Redaktion gewiss nicht an einem den Inhalt aller Gesänge umfassenden Eingange hätte fehlen lassen; es spräche also gerade diese angebliche Beschränktheit des Proömium für seine Ursprünglichkeit.

Auch die Beziehung des Exordium von Stasinos' Cyprien v. 7 Διὸς δ᾽ ἐτελείετο βουλή auf unser Proömium v. 5 gewährt einen Stützpunkt; [3]) so wie der durch Ausfall des Digamma entstandene Hiatus v. 4 und 7.

In diesem Eingange verspricht uns der Dichter gleich im 1. Verse vom Groll des Achilles zu singen:

Μῆνιν ἄειδε, θεά, Πηληιάδεω Ἀχιλῆος.

Nun wird uns wohl im Lachm. Liede v. 1—347 von dem durch die Eingangsverse der eigentlichen Erzählung v. 6 und 8 ff. [4]) angedeuteten „Hader" (ἔρις) der beiden Könige erzählt, vom angekündigten „Groll" (μῆνις) erfahren wir nichts.

Hier kommt mir eine interessante Bemerkung Köchly's gelegen, die er in seiner dissertatio III. p. 18 (Zürcher

---

1) A. a. O. S. 4.
2) Vorschule z. Hom. S. 325.
3) Vgl. Nägelsbach. A. a. O. S. 4.
4) v. 6. ἐξ οὗ δὴ τὰ πρῶτα διαστήτην ἐρίσαντε.
   v. 8. τίς τ᾽ ἄρ᾽ σφωε θεῶν ἔριδι ξυνέηκε μάχεσθαι;

U. Progr. 1857) über die Bestimmung der Liederumfänge mittelst ihrer alten Titel macht.

Er führt nämlich die bekannte Stelle Aelians V. H. XIII. 14 an: ὅτι τὰ Ὁμήρου ἔπη πρόπαλαι διῃρημένα ᾖδον οἱ παλαιοί· οἷον ἔλεγον τὴν ἐπὶ ναυσὶ μάχην καὶ Δολώνειάν τινα καὶ ἀριστείαν Ἀγαμέμνονος.... und fügt dann bei:

„Adscripsi haec, quo intelligatur, quam bonum verumque instrumentum sit ad singula carmina eruenda haec antiquitus traditorum nominum memoria, dummodo teneas, ea potius ad recitationum, quam ad carminum ambitum inventa esse non tam poetarum quam rhapsodorum respectu habito, ita ut quotcunque versus narrationem quandam per se absolutam continentes ab uno rhapsodo sine intermissione declamarentur, ii certo ex re ipsa desumpto nomine designarentur. Haec sunt rhapsodiae, quae plerumque eundem habent cum ipsis carminibus ambitum — et haec quidem carmina sine dubio pro antiquioribus sunt habenda — interdum vero, ubi longiora sunt carmina, singulas tantum eorundem partes continent. [1])

Ist diese Behauptung Köchly's richtig, und war nach seiner Ansicht das Proömium nur für den Umfang des Lachm. Liedes v. 1—347 berechnet, welches den „Hader" der beiden Könige umfasst, so hätte der Dichter oder Rhapsode sein Gedicht gewiss nicht Μῆνις, sondern ex re ipsa Ἔρις genannt, welcher Titel genau dem Inhalte des Lachm. Liedes entsprochen hätte.

Dürfen wir also vom Titel eines Liedes auf dessen Inhalt und von der Abgeschlossenheit des letzteren auf dessen Umfang schliessen — mag man nun unter der Bezeichnung Μῆνις eine Rhapsodie (natürlich im Sinne Köchly's)

---

1) Vgl. Nake. A. a. O. p. 267.

oder ein mehrere Rhapsodieen umfassendes Lied verstanden haben, — so viel ist gewiss, dass dasselbe nicht bloss den Streit der Könige, sondern auch den wirklichen Groll Achill's, wenigstens in seinem Eintreten, umfasst haben müsse.

Dass wir uns aber unter der Bezeichnung *Μῆνις* nicht etwa den folgenden „Hader" der beiden Könige vorzustellen haben, wie Näke und Köchly meinen, geht nicht nur aus der Bedeutung des Begriffes *μῆνις* hervor, welches andauernden Groll bezeichnet (*A* 422, 488, *H* 230, *T* 35, 62, 75) [1]), im Gegensatze zu *ἔρις*, was von wortwechselndem Hader gebräuchlich ist (*A* 6, 8, 177, 210, 277, 319, 519, 574, *B* 247, 376, *Γ* 7, *Σ* 107, *ἔρις* und *χόλος*), sondern die im Proömium v. 2—6 angeführten Attribute weisen deutlich hin, was der Dichter unter seiner *μῆνις* verstanden wissen wollte.

Und nun füge ich diesem aus dem Proömium geholten Grunde für eine beabsichtigte Weiterführung der Partie v. 1—347, eine Erscheinung im Liede selbst bei, auf die auch Lachmann S. 4 aufmerksam macht.

Er sagt von seinem ersten Liede:

„Alles in der Erzählung ist kunstreich gegliedert, aber auch vollendet in kürzerer Darstellung der Erfolge von v. 305 an *Πηλείδης μὲν ἐπὶ κλισίας — Ἀτρείδης δ᾽ ἄρα νῆα θοήν — λαοὺς δ᾽ Ἀτρείδης ἀπολυμαίνεσθαι ἄνωγεν — ἀλλ᾽ ὅ γε Ταλθύβιον — τὼ δ᾽ ἀέκοντε βάτην — ὡς φάτο, Πάτροκλος δέ.....*"

---

1) Vgl. Eustath. Comm. I. p. 8. Ὅτι *μῆνις κατὰ τοὺς παλαιοὺς ἡ ἐπιμένουσα ὀργή, ἐκ τοῦ μένειν, οὐ μὴν ἐκ τοῦ μαίνεσθαι· ἀπὸ τούτου γὰρ ἡ μανία γίγνεται, οὐκ ἔτι μῆνις αὐτὴ οὐδὲ ἄλλο τι εἶδος ὀργῆς, ἀλλὰ φρενῶν ἔκστασις*.

Ist auch diese Ableitung der Grammatiker (*παλαιοί*) eine falsche, so zeigt sie doch deutlich die den Irrthum veranlassende Bedeutung des Wortes.

Ich stimme beiden Behauptungen bei, so fern sie in Bezug auf v. 1-*317* Geltung haben, und besonders die zweite die Verse 305—*317* (nicht —347) betrifft. Von v. 305 tritt, wie Lachmann richtig bemerkt, eine Raschheit, beinahe Hast in der Abwickelung der Thatsachen ein, die vollkommen geeignet wäre, das Lied seinem Abschlusse zuzuführen.¹)
In gedrängtester epischer Darstellung, welche für das dramatische Element keinen Raum hat, werden uns die Ereignisse nach dem Streite vorgeführt von
v. 304. Ὡς τώ γ' ἀντιβίοισι μαχησαμένω ἐπέεσσιν bis
v. 317. κνίση δ' οὐρανὸν ἷκεν, ἑλισσομένη περὶ καπνῷ.
Nun aber folgt mit v. *318*
Ὡς οἱ μὲν τὰ πένοντο κατὰ στρατόν· οὐδ' Ἀγαμέμνων ...
eine Partie, deren Ausführung das von Lachmann Gesagte Lügen straft, indem sie der früheren gedrängten Darstellung direkt widerspricht. Statt in knappen Worten, entsprechend der Kürze des Parallelaktes, der Absendung der Chryseis v. 312—317 diese Partie zu schildern, ist sie, wie schon der Eingangsvers zeigt, in Form einer Fortsetzung gedichtet und das dramatische Element, das in ihr zu Tage tritt, mit der Detailirung der Darstellung zeigt deutlich, dass der Dichter nicht den Zweck gehabt habe, mit ihr sein Lied abzuschliessen, sondern vielmehr den, das zweite Resultat der Versammlung, den **Raub der Briseis**, zum Ausgangspunkt eines neuen Motives zu machen. Das Interesse, das in der vorhergehenden Partie vom „**Streite**" auf mehrere Träger der Erzählung vertheilt war, wendet sich nun mit dem Wechsel der Situation ausschliesslich dem Haupthelden zu und die Spannung des Gefühls, das durch die früheren religiösen Versöhnungsceremonien kaum etwas

---

1) Natürlich vom Standpunkte Lachmann's.

beruhigt worden war, nimmt mit der dramatisch lebhaften Schilderung des Raubes der Briseis einen neuen Aufschwung.

Und hier nun, mitten im Gange der Handlung, da die Erwartung des Zuhörers, welche Folge diese Gewaltthat haben werde, auf das höchste gestiegen ist, bricht Lachmann sein Lied ab. Das folgenschwere Ereigniss, von dem die Μῆνις οὐλομένη ausgeht, schliesst mit dem trockenen Verse:

δῶκε δ' ἄγειν · τὼ δ' αὖτις ἴτην παρὰ νῆας Ἀχαιῶν.

Kein Wort, kein Gefühlsausbruch schildert uns den Eindruck, den dieser brutale Gewaltakt auf Achill gemacht hat; nicht einmal ein Verlangen nach Rache macht sich geltend, obwohl dieses so natürlich wäre und wir auf seine unmittelbar vorhergehenden Worte zu den Herolden einen solchen Wunsch erwarten. (Vgl. v. 33.) Derselbe Achill, der auf die blosse Drohung Agamemnon's, ihm die Briseis wegzunehmen, das Schwert zieht, verhält sich der vollendeten Thatsache gegenüber völlig gleichgültig. Wahrlich Thersites hat Recht:

ἀλλὰ μάλ' οὐκ Ἀχιλῆι χόλος φρεσίν, ἀλλὰ μεθήμων.

Soviel erhellt aus dem Gesagten, hier kann der Dichter sein Lied nicht geendet haben. Der Gedanke verlangt eine Weiterführung und die Anlage der Partie v. 318-347 verräth deutlich die gleiche Absicht des Dichters. Lachmann's Lied ist offen; die Handlung schliesst nicht, sie bricht ab.

Wollte Lachmann ihr einen wenigstens formell befriedigenden Abschluss geben, so musste er bei v. 318 abtheilen, wo nach seinem eigenen Fingerzeig die Gedrängtheit der Darstellung auf einen Abschluss hinweist.

Soweit stand meine Ansicht über diesen Punkt fest, als mir Friedländer's geistvolle Abhandlung: „Die Homerische Kritik von Wolf bis Grote" zu Handen kam, deren Vorrede einige höchst interessante Bruchstücke von Briefen

Lachmann's an Lehrs ¹) enthält, die sich auf die homerische Frage und speziell auf die Abtheilung des ersten Gesanges der Ilias beziehen.

Zu meinem Staunen machte ich darin die Entdeckung, dass auch Lachmann nach seiner **ursprünglichen** Ansicht, im Widerspruche mit seiner späteren, den Schluss seines ersten Liedes nicht bei v. 237 ansetzt, sondern bei v. *318*.

„Dass die Erscheinung der Athene Interpolation ist, wird man nicht wahrscheinlich machen können; aber wohl, dass etwa von v. *318* an ein Anderer ohne Beachtung des Widerspruchs die Fortsetzung des ersten Liedes gedichtet habe. ²)

Lachmann selbst also, der „ohne von bestimmteren Grundsätzen auszugehen" untersuchen wollte, „wie weit sich im Anfang der Ilias Lieder von einander absondern, wie sie ihrem Inhalt nach gegen einander stehn;" der die „poetische Darstellung vor Allem" zum Gegenstand seiner Betrachtung machte, schloss ursprünglich sein erstes Lied mit v. 318, schlug also, wie wir oben thaten, den Raub der Briseis zur 2. Fortsetzung oder dem Köchl. Thetisliede.

Ebenso spricht er in einem späteren Briefe an Lehrs von zweien im ersten Gesange verbundenen Liedern, „die sich wohl v. *318* theilen und von verschiedener Sage ausgehn ...."

„Doch sei es auch möglich," heisst es weiter nach dem Auszuge Friedländer's, „bei v. 348 abzutheilen und den Rest des Gesanges als zwei Fortsetzungen anzusehen, von denen die erste zum ersten Liede gehört haben könne."

---

1) Vom November 1834 bis Oktober 1836.
2) Lachmann's Brief an Lehrs. Friedländer. A. a. O. S. VI.

Diese zweite Ansicht hat bekanntlich Lachmann in seinen „Betrachtungen über Homer's Ilias" beibehalten. Was ihn zum Festhalten an dieser späteren, gewiss unnatürlicheren Abtheilung, die er selbst nur als „auch möglich" hinstellte, bestimmt hat, ist leicht erklärlich. Lachmann sah zu gut ein, dass der „Hader der Könige", sein erstes Lied, den Raub der Briseis als abschliessendes Moment verlange; nun wies aber die ganze Anlage dieser Partie auf Weiterführung der Handlung und war mit den folgenden Scenen so verquickt, dass er sein Lied nothwendig bis zum Schlusse des ersten Gesanges hätte führen müssen.[1])

Damit hätte er aber zugleich seinem Prinzipe, „dass die Form des epischen Gesanges gewesen sind (nur) einzelne nicht streng verknüpfte Lieder," einen schweren Stoss versetzt. Denn ist die Einheitlichkeit des ersten Gesanges der Ilias erwiesen, dann ist auch die Frage nach der einstmaligen Existenz eines grösseren Heldengedichtes vom „Zorn des Achill" erledigt.[2])

Lachmann opferte also das ästhetische Gefühl seinem Prinzipe und zog den Raub der Briseis noch zum Hader der Könige, ohne zu bedenken, dass dadurch sein Lied wohl um ein unentbehrliches Moment bereichert werde, dass aber dadurch der Mangel eines nicht einmal der Form nach befriedigenden Abschlusses desselben nur desto fühlbarer zu Tage trete.

Dieses fällt um so mehr auf, als das Lied einen so breitausgesponnenen Eingang in der Veranlassung des Ha-

---

1) Man müsste denn bei v. 492 einen Ruhepunkt finden. S. u.

2) Damit will natürlich nicht im Entferntesten behauptet werden, dass die uns vorliegende Ilias dieses Epos rein und vollständig enthalte, wohl aber werden sich zahlreiche Bruchstücke dieser Schöpfung auffinden und nachweisen lassen.

ders hat (v. 1—52). Ich begreife daher das Lob von Haupt nicht recht, wenn er das Lachmann'sche erste Lied „tadellos gegliedert und abgerundet" nennt. [1]) Vielmehr trifft das Urtheil von Nitzsch zu, das er im Allgemeinen über Lachmann's Lieder abgibt, „dass sie gar oft eines statthaften Anhubs, noch öfter Schlusses entbehren." Diesen zweiten Vorwurf muss Lachmann schon im Vorhinein gefühlt haben. Denn er stellt neben seiner früheren Ansicht über die Gränzen des Menisliedes (v. 1—347) noch eine zweite auf, die diesem Mangel an Abgeschlossenheit und Abrundung abhelfen soll.

Er meint nämlich, es könne wohl die 1. Fortsetzung (v. 430—492) ursprünglicher Abschluss des Liedes gewesen sein:

„Setzen wir die erste Fortsetzung unmittelbar an das erste Lied,

$δῶκε$ $δ'$ $ἄγειν$. $τὼ$ $δ'$ $αὖτις$ $ἴτην$ $παρὰ$ $νῆας$ $Ἀχαιῶν$ ·
$ἡ$ $δ'$ $ἀέκουσ'$ $ἅμα$ $τοῖσι$ $γυνὴ$ $κίεν$. $\parallel$ $αὐτὰρ$ $Ὀδυσσεὺς$
$ἐς$ $Χρύσην$ $ἵκανεν$ $ἄγων$ $ἱερὴν$ $ἑκατόμβην$

und lassen sie 492 schliessen

$αὐτὰρ$ $ὁ$ $μήνιε$ ....

$αὖθι$ $μένων$, $ποθέεσκε$ $δ'$ $ἀυτήν$ $τε$ $πτόλεμόν$ $τε$,

so passt Alles genau zusammen, und der Ausgang wird auf beiden Seiten völlig zu Ende gebracht, durch die Auslieferung der Chryseis und das Grollen Achill's. Die letzten Verse $αὐτὰρ$ $ὁ$ $μήνιε$ sind nothwendig hinzu zu fügen, damit die Erzählung zuletzt wieder auf ihren Anfang, den Zorn des Achilles zurückkehre." [2])

Lachmann's Begriff von der Abgeschlossenheit eines Liedes muss jedenfalls sehr weit sein, wenn sechszig Verse auf oder ab diesen Charakter nicht afficiren.

---

1) Zusätze zu Lachm. Betrchtg. S. 9×.
2) A. a. O. S. 5.

Uebrigens haben diese zweite Ansicht Lachmann's die meisten Anhänger der Liedertheorie, die überhaupt die 1. Fortsetzung als echt betrachten, angenommen, obwohl Lachmann selbst sich mehr seiner ersteren zuneigt. [1]) Lauer sieht sogar in der Verbindung dieser beiden Stücke ein „Lied von vollendeter Schönheit". [2]) Richtig ist, das Lied erhielte durch die Anfügung der Zurückführung der Chryseis und Versöhnung Apoll's einen Abschluss, der einerseits auf den Anfang des Liedes zurückschaute, andererseits dazu diente, die durch die Briseisscene aufgeregte Stimmung des Zuhörers zu beruhigen. Und, was das Wichtigste ist, durch die der 1. Fortsetzung angehängten fünf Verse 488—492 würde der grosse Mangel des Lachm. Liedes, dass wir vom Eintreten des Grolles Achill's nichts zu hören bekommen, aufgehoben.

Darin liegt aber eben das Erfolglose dieses willkürlichen Experimentes, dass wir das, was wir als unmittelbare Folge der Abholung der Briseis erwarten, erst am Schlusse des Liedes hören, hingegen das, worauf unsere Stimmung am Wenigsten vorbereitet ist, als nächsten Anschluss nehmen müssen.

Der Abschluss, den das ursprüngliche Lachm. Lied (v. 1—347) durch Anfügung der 1. Fortsetzung erhält, ist nur ein formeller, weil der Anschluss dieser Partie kein natürlicher, sondern ein rein mechanischer ist.

Die Zurückführung der Chryseis passt in ihrer unmittelbaren Folge auf den Raub der Briseis, wie die Faust auf's Auge, da wir auf letztere Handlung nothwendig ein Moment erwarten, in dem der Stimmung des gekränkten Helden Ausdruck verliehen ist, oder welches uns wenigstens die Offenbarung seines Entschlusses bringt, von nun an den

---

1) A. a. O. S. 7.
2) A. a. O. S. 207.

Achäern zu grollen. Denn erst, wenn diese Lücke ausgefüllt ist, kann sich die Zurückführung der Chryseis als entsprechender Abschluss anreihen.

Der nur zu scharf sehende Köchly erkannte das Unnatürliche des von Lachmann gewählten Anschlusses und wohl fühlend, dass das Moment des grollenden Achilles für die Abgeschlossenheit der Handlung nothwendig sei, und zwar in seiner unmittelbaren Folge auf die Beleidigung, warf er den Theil der 1. Fortsetzung, der die Zurückführung der Chryseis behandelt (v. 430—487), hinaus und fügte mittelst einer Konjektur die letzten fünf Verse derselben, die uns den grollenden Achilles vorführen, an das eigentliche Lachm. Lied (v. 1—347), als seinen ursprünglichen Abschluss. [1])

So glaubte Köchly das dem Lachm. Liede (v. 1—347) fehlende Moment des eingetretenen Grolles zu ersetzen und zugleich der Abholung der Briseis die erwartete Folge zu geben, freilich mit Aufopferung dss grösseren Theiles der 1. Fortsetzung v. 430—487.

Aber warum stülpt man nicht diese Partie um, setzt die fünf Schlussverse derselben 488—492, wie Köchly thut, an v. 348 und lässt mit der Zurückführung der Chryseis das Lied schliessen?

---

1) „Etiam versus 488—492, qui alioquin male nos habeant" egregie ad conclusionem carminis factos esse „idem (Naekius) pulcre perspexit p. 267; nisi quod remotis centonibus 430—487 arctius etiam ea conclusio cum 348 jungenda est hoc modo:
v. 348. ἡ δ' ἄκουσ' ἅμα τοῖσι γυνὴ κίεν · αὐτὰρ Ἀχιλλεύς
v. 488. ἐκ τοῦ μήνιε νηυσὶ παρήμενος ὠκυπόροισιν
v. 490. οὔτε ποτ' εἰς ἀγορὴν πωλέσκετο κυδιάνειραν
οὔτε ποτ' ἐς πόλεμον, ἀλλὰ φθινύθεσκε φίλον κῆρ
αὖθι μένων, ποθέεσκε δ' αὐτήν τε πτόλεμόν τε ·"
Zürch. Progr. 1857. p. 18. Vgl. Näke p. 267 u. Ribbeck. N. Jahrb. für Philol. u. Päd. B. 85. H. 1. S. 4.
Der Vers 489 fällt wegen des αὐτὰρ Ἀχιλλεύς natürlich aus.

Diese einfache Umstellung würde die 1. Fortsetzung retten und zugleich dem Liede einen beruhigenden Abschluss geben.

Man begreift, warum Köchly dies nicht thun konnte. [1]) Diese fünf Verse, welche uns vom eingetretenen Groll Achill's Kunde geben, tragen einen so allgemeinen und zusammenfassenden Charakter, dass sie sich wohl zu einem Abschlusse eignen mögen, unmöglich aber zwischen zwei so detailirten Beschreibungen stehen können, wie Raub der Briseis und Zurückführung der Chryseis sind. Sie heben sich gleichsam vom Flusse der konkret geschilderten Haupthandlung ab und haben, wie Näke richtig bemerkt, eine vorgreifende Kraft, die weit über den Rahmen des Menisliedes hinausreicht:

„Magnum quid complectuntur: complectuntur tempus, quod $M\tilde{\eta}νιν$ excepit usque ad depositum irae omne." [2])

Darin liegt aber auch der Grund, warum wir sie als Köchl. Liedesabschluss nicht brauchen können. Nicht als ob ihr Inhalt als solcher nicht befriedigte, sondern deshalb, weil wir ihn in dieser Form nicht als unmittelbare Folge der Briseisscene ansehen können.

Denn allerdings enthalten diese fünf ergreifenden Verse, welche uns den tiefen Schmerz des gekränkten Helden schildern, der thatenlos bei seinen Schiffen sitzen muss und sich vergeblich nach Krieg und Schlachtenlärm sehnt, die durch die Beleidigung hervorgerufene Stimmung, aber diese stumme, wehmuth- und sehnsuchtsvolle Resignation, die aus ihnen

---

1) Zwar Köchly verwirft v. 430—487 auch aus inneren Gründen, indem ihm das Stück an und für sich als „sarcinatoris foetus" erscheint.

2) p. 267. Vgl. Bergk. Ueber die Einheit und Untheilbarkeit des ersten Buches der Ilias. Ztschrft. f. d. Alterth. Wissenschftn. 1848. IV. S. 493.

spricht, ist erst dann recht verständlich, wenn wir sie als Niederschlag eines vorausgegangenen, gewaltigen Seelenkampfes auffassen dürfen.

Doch dieses vermeintliche Moment fehlt; und da unser Held kein kalter Stoiker ist, sondern ein natürlicher Mensch, kein selbstbeherrschender Odysseus, sondern ein leidenschaftlicher Achilles, so erwarten wir mit psychologischer Konsequenz auch den sinnlichen Ausbruch dieser Stimmung. Kurz, wir erwarten eine Handlung, — und erhalten die Schilderung eines Zustandes.[1])

Nun könnte allenfalls dieser Abschluss des zweiten Menisliedes noch genügen, wenn keine Klage Achill's existirte, dem Zuhörer also die erwartete unmittelbare Folge nicht bekannt wäre; vollends verfehlt aber muss er vom Standpunkte Köchly's betrachtet werden, wenn man gleich darauf das fehlende Moment als eigenes und unabhängiges Lied gefasst sieht. Dadurch, dass wir im Besitze der erwarteten Folge sind, erhält unsere Behauptung, dass Gedanke und Anlage der Briseisscene, mithin das Lachm. Lied auf eine Weiterführung weisen, ihre volle Berechtigung.

Es tritt also hier der gleiche Fall ein, den wir bei Besprechung des Köchly'schen Thetisliedes ($\Lambda\iota\tau\alpha\iota$) erwähnten: wie diesem der vermittelnde Eingang fehlt, mangelt jenem der entsprechende Abschluss. Jedes von beiden verlangt das andere als nothwendige Ergänzung.

---

1) Vgl. A. Jacob. A. a. O. S. 165; Ribbeck. Philol. VIII. S. 473. Bergk. A. a. O. S. 493.

VI.

Verhältniss der ersten Fortsetzung zum Lachmann'schen Liede und zur zweiten Fortsetzung.

Ueber keine Partie des ersten Gesanges gehen in Hinsicht auf Werth und Auffassung die Meinungen, selbst unter den Anhängern derselben Richtung, so auseinander, wie über Lachmann's 1. Fortsetzung (v. 430—492). Während die Einen (Lachmann, Nägelsbach, Lauer, Hiecke, Friedländer, Hoffmann u. A.) die Echtheit derselben vollkommen anerkennen, und sie als Liedesbestandtheil fassen, wird sie von den Andern (Haupt, Köchly, Ribbeck, Bergk), ja selbst vom konservativen Bäumlein als spätere Zuthat, als „ein aus verschiedenen Reminiscenzen entstandenes Flickwerk" verworfen.

Ich lasse vorderhand die Untersuchung über ihre Echtheit bei Seite und will vorerst die Frage nach ihrem Platz zu beantworten suchen.

Bekanntlich lassen alle Forscher, welche überhaupt diese Partie nicht verwerfen, dieselbe in Beziehung auf das Lachm. Lied gedichtet sein, und an v. 348 sich anschliessen, mag man sie nun als ursprünglichen Bestandtheil des Liedes auffassen, oder als Fortsetzung eines andern Dichters.

Dass dieselbe nicht ursprünglicher Abschluss des Lachm. Menisliedes, wie es uns vorliegt, gewesen sein könne, dürfte aus dem, was ich oben über den Zusammenhang des Lachm. Liedes mit der 2. Fortsetzung gesagt habe, ziemlich deutlich hervorgehen. (Abschnitt III. S. 27 ff. u. V. S. 51 ff.) Im andern Falle, wenn man dieses Stück als Zuthat eines Fortsetzers oder eines Rhapsoden ansehen will, „ne Ulixis iter in illo 308—311 Agamemnonis jussu coeptum reditu careret" (Köchly diss. III. p. 16) hätten wir vom Standpunkte Lachmann's aus zwei Fortsetzungen, die an denselben Vers 348 anknüpfen:

348 (2. Forts.) Ἡ δ᾽ ἀέκουσ᾽ ἅμα τοῖσι γυνὴ κίεν ·
αὐτὰρ Ἀχιλλεύς
430 (1. Forts.) . . . . αὐτὰρ Ὀδυσσεύς

Nun hat zwar, wie schon früher erwähnt, G. Hermann (de interpol. Hom. opusc. V. p. 68) den Satz aufgestellt, dass die Rhapsoden an gleiche Anfänge verschiedene Erzählungen anknüpften, und Lachmann [1]) glaubt, dass wir hier einen Beleg dafür hätten.

Dabei ist vor Allem zu bemerken, dass dies eben eine Annahme ist, für die kein positiver Beweis vorliegt. Denn wenn Hermann aus dem Umstande, dass die ersten acht und fünfzig Verse der achten Rhapsodie vor N 4 ihm besser zu passen scheinen, schliesst, dass beide Gesänge diesen gleichen Anfang gehabt hätten, so ist dies ein Schluss, der selbst Lachmann zu gewagt erscheint; [2]) in unserem Falle werden wir aber einen solchen Satz erst dann gelten lassen, wenn triftige Gründe dafür sprechen, dass diese Fortsetzung am jetzigen Platz nicht stehen könne.

Der einzig mögliche Platz, wenn man sie von ihrem jetzigen Standpunkte durchaus verrücken und als Liedes-

---

1) A. a. O. S. 30.
2) „Ob aber so starke Verkürzungen und Umstellungen bei der Einrichtung der Ilias wirklich geschehen sind, darüber zu entscheiden ist nicht meines Amtes." A. a. O. S. 30.

abschluss auffassen will, wäre die Anknüpfung an v. 318, wo sie sich an den Gang der Handlung genau anschliesst, und der Vers:

Ὡς οἱ μὲν τὰ πένοντο κατὰ στρατόν· οὐδ᾽ Ἀγαμέμνων

für das αὐτὰρ Ὀδυσρεύς einen passenden Anknüpfungspunkt bieten würde.

Doch mag sie auch hier öfter zu rhapsodischen Zwecken als Abschluss des „Haders der Könige" benützt worden sein, ursprünglich kann sie hier nicht gestanden haben. Die Abholung der Briseis geht nämlich, wie wir aus dem v. 318 (πένοντο) entnehmen dürfen, noch während der Versöhnungsceremonien vor sich.[1]) Dieser enge Anschluss der Handlung verbietet also den Einschub eines Ereignisses, das zum Mindesten Einen Tag (v. 475) in Anspruch nimmt.

Der Hauptvorwurf gegen ihren jetzigen Platz ist, dass sie den Verlauf der Handlung der 2. Fortsetzung störe und dadurch den Charakter eines „Einschiebsels" erhält.

Natürlich, wenn man sie herausnimmt, kann man die beiden Theile der 2. Fortsetzung unmittelbar hintereinander gesungen hören.[2])

---

1) Liegt das Moment der Fortdauer auch nicht im Tempus, so liegt es doch in der Bedeutung des Verbums; auch lässt sich dieses schwerlich auf etwas anderes als auf die Reinigung des Lagers beziehen. Jedenfalls hat der Verfasser der 2. Fortsetzung das Zeitverhältniss in unserem Sinne aufgefasst, wie aus v. 390 hervorgeht. Vgl. Näke. A. a. O. p. 269. Wenn daher A. Kiene (N. Jahrb. f. Ph. u. P. B. 83, H. 3. S. 163) und auch Bäumlein (Ztschr. f. d. Alterth. 1848. S. 328) zur Erklärung der Widersprüche annehmen, der Raub der Briseis sei erst Tags darauf erfolgt, so ist dies ein Irrthum, der sich eigentlich schon durch die Natur der Sache widerlegt. Vgl. noch Hiecke. A. a. O. S. 6.

2) Lachmann. Lässt (S. 22) die Glaukos — Diomedes-Episode E 119—236 gelten, die doch weit mehr den Charakter eines

Es liegen zwar eilf Tage dazwischen, und die unterdessen erzählte **Zurückführung der Chryseis** würde theilweise zur Symbolisirung dieser Zwischenzeit dienen. Aber das ist gleichgültig; „eine so künstliche Veranstaltung passt wenig zu der Einfachheit epischer Volksdichtung, die ohne Windungen und berechnete Disposition die Sachen hintereinander erzählt, und nicht in einander schachtelt." [1])

Richtig; doch ich frage: Ist nicht etwas Aehnliches mit der **Abholung der Briseis** der Fall, wenn man nämlich, wie die Meisten wollen, die 1. Fortsetzung an v. 348 antreten lässt? Wird nicht durch die vorangehende Abholung der Briseis (v. 318—348) der Gang der Handlung der 1. Fortsetzung, die sich eigentlich an den Vers 312 anlehnen sollte, ebenfalls gehemmt.

Man wird mit Näke [2]) entgegnen: Dieses ist eine sehr kluge Verwendung der Zeit, die Odysseus zur Fahrt nach Chryse braucht.

Aber bedenkt man, dass Abholung der Briseis und Klage Achill's unmittelbar auf einander folgen, so ist die Zeitdifferenz, die durch Anfügung der 1. Fortsetzung an v. 430 statt v. 348 entsteht, eine verschwindend kleine, nur dass sie sich an ihrer jetzigen Stelle organisch anschliesst, während sie an v. 348 angeknüpft nicht einmal den Anforderungen eines Liedesabschlusses genügt. [3])

Es wäre also vom Lachmann'schen Standpunkte gar

Einschiebsels trägt, da sie mit der Haupthandlung in keinem Punkte zusammenhangt.

1) **Ribbeck.** (N. Jahrb. f. Ph. u. P. B. 85, H. 1. S. 6.)
2) A. a. O. p. 266.
3) Wie kann also **Näke** p. 266 sagen „non usitatam Homero narrationis in partes divisionem et quasi implicationem", da doch bei seiner Annahme in Betreff der Chryseisscene ebenfalls eine divisio, in Betreff der Briseisscene eine implicatio stattfindet. Vgl. damit **Bergk.** A. a. O. S. 494.

nicht nothwendig, die 1. Fortsetzung als Einschiebsel in die 2. Fortsetzung zu fassen, da sich die Klage Achill's sehr gut noch in den Rahmen des ersten Liedes einfügen lässt. Will man aber den Menisgesang erst mit v. 611 schliessen, so erhält sie allerdings den Charakter einer Episode, aber die Einheit beider Theile der 2. Eortsetzung wird dadurch nicht gestört, da die dazwischenliegenden eilf Tage gewiss eine ebenso geschickte Verwendung für die Einfügung der 1. Fortsetzung erlauben, als die eintägige Fahrt nach Chryse für den Raub der Briseis.

Die erste Fortsetzung kann also jedenfalls an ihrem jetzigen Platze stehen.

Doch wir haben noch einen speziellen Anhaltspunkt in der 1. Fortsetzung selbst, der klar zeigt, dass sie vom Verfasser auch für diesen Platz bestimmt war. [1])

Die 1 Fortsetzung, deren eigentlicher Inhalt mit v. 487 abschliesst, hat noch einen Anhang von fünf Versen, worin die Handlung zum Hauptthema zurückkehrt, und welche fünf Verse nach Lachmann [2]) nothwendig zur 1. Fortsetzung zu ziehen sind, „damit die Erzählung wieder auf ihren Anfang, den Zorn des Achill, zurückkehre."

Ich lasse vorderhand zum Zwecke der Beweisführung diese Bemerkung Lachmann's als richtig gelten, aber nicht aus dem Grunde, den Lachmann angibt, sondern aus einem anderen. Diese fünf Verse gehören sachlich nicht einmal zur Zurückführung der Chryseis, sondern zum andern Resultat der Volksversammlung, zur Abholung der Briseis.

Lachmann verfährt daher sehr unrecht, die Echtheit oder Unechtheit dieses Stückes von der der 1. Fortsetzung abhängig zu machen. Man kann sehr leicht — und Köchly thut es auch — die Partie v. 430—487 als Einschub ver-

---

1) A. a. O. S. 5.
2) Die Modifikation dieser Ansicht wird später folgen.

werfen, ohne dadurch dem Verständniss der Handlung sonderlich zu schaden, hingegen die sich anschliessenden Verse 488—492 müssen selbst vom Lachm. Standpunkte aus als echt angesehen werden, da sie das wichtigste Moment, den eingetretenen Groll des Achilles enthalten.

Ich sehe nun von Allem ab, was ich im früheren Abschnitte über die Nothwendigkeit einer Weiterführung des Lachm. Liedes v. 1—347 gesagt habe, und entnehme daraus nur den Punkt, dass die Verse 488—492 mit blosser Rücksicht auf das Lachm. Lied keine Motivirung haben, weil wir in diesem nirgends von einer Entschliessung Achill's, zu grollen, wie sie uns in diesen Versen als vollendete Thatsache entgegentritt, etwas hören. Dieser Mangel letzteren Momentes macht sich nur um so mehr fühlbar, als wir von ihm Aufklärung über die Aenderung von Achill's ursprünglichem Plane, nach Phthia heimzukehren, erwarten.

Letzterer Punkt erschien, wie wir schon oben erwähnten, dem Zenodot so wichtig, das er sogar diese fünf Verse verwarf, „weil ihm die in v. 491 ff. ausgesprochene Begierde nach Kampf der Drohung zu widersprechen schien, dass er nicht mehr streiten, sondern heimkehren wollte." [1])

Ich habe früher (Abschnitt V.) auf dieses Defekt weniger Gewicht gelegt, da wir uns diese Planveränderung wohl aus dem Sinne ergänzen könnten; nun aber verweise ich auf die Verse 421 und 422 desjenigen Theiles der 2. Fortsetzung, der in unserem Texte der 1. Fortsetzung vorausgeht, in denen nämlich Thetis ihrem Sohne den Auftrag gibt, den Achäern zu grollen und sich des Krieges gänzlich zu enthalten:

421. ἀλλὰ σὺ μὲν νῦν νηυσὶ παρήμενος ὠκυπόροισιν

---

1) Lachmann. A. a. O. S. 93.

422. μῆνί Ἀχαιοῖσιν, πολέμου δ' ἀποπαύεο
πάμπαν.

Damit vergleiche man die erwähnten fünf Verse der darauf folgenden 1. Fortsetzung 488—492.

488. Αὐτὰρ ὁ μήνιε νηυσὶ παρήμενος ὠκυπόροισιν,
489. διογενὴς Πηλέος υἱός, πόδας ὠκὺς Ἀχιλλεύς·
490. οὔτε ποτ' εἰς ἀγορὴν πωλέσκετο κυδιάνειραν
491. οὔτε ποτ' ἐς πόλεμον, ἀλλὰ φθινύθεσκε φίλον κῆρ
492. αἶθι μένων, ποθέεσκε δ' ἀυτήν τε πτόλεμόν τε.

Dass hier eine Beziehung obwaltet, lässt sich nicht leugnen; die Uebereinstimmung der Verse ist zu frappant. Köchly, der diese fünf Verse verstümmelt als Abschluss seines Menisliedes verwendet, sieht auch in dieser Beziehung das so auffällige Bestreben des zweiten Dichters, seine *Λιταί* (2. Fortsetzung) in genaueste Korrespondenz mit dem vorausgehenden Menisliede zu bringen und glaubt, dieser habe dem bereits eingetretenen Groll des Achilles durch den Befehl der Mutter die Sanktion ertheilen lassen. [1])

Gegenüber der höchsten Gezwungenheit dieser Erklärung kann man nur an den unbefangenen Sinn des Beurtheilers appelliren.

Ich verweise auf das, was ich im früheren Abschnitte über die Unzulässigkeit des Köchly'schen ersten Liedesabschlusses durch die erwähnten fünf Verse gesagt habe; und bemerke nur noch, dass selbst bei Annahme seiner willkürlichen Conjektur von einer derartigen Berücksichtigung

---

1) „Videtur secundi carminis auctor consulto memorem Achillis iram, cujus descriptione 488, 490—492 primum carmen concluditur, tamquam matris demum imperio sancitam introduxisse 421 sq. ἀλλὰ σύ . . . κτλ. „Köchly. Zürcher U. Progr. 1857. p. 20."

nicht die Rede sein könnte, da sich wohl den eine vollendete Thatsache herbeiführenden Schritten eine Sanktion ertheilen lässt, nie aber dem Resultate als solchem. Das Moment, das den als eingetreten hingestellten Groll bewirkt, ist aber eben in der 2. Fortsetzung v. 421 und 422 gegeben.

Dem Verfasser der 2. Fortsetzung also diese Beziehung zuzuschreiben ist unmöglich.

Aber umgekehrt können auch unter der Voraussetzung Lachmann's, dass die erste Fortsetzung sich an v. 348 als Liedesabschluss anreihe, diese Verse nicht in Beziehung auf die 2. Fortsetzung gedichtet sein.

Denn in diesem Falle fielen sie vor die 2. Fortsetzung; es hätte also eine solche Beziehung keinen Sinn, weil der Zuhörer von der andern Partie, die nach Lachmann nicht ursprüngliches Lied, sondern nur spätere Fortsetzung ist, nichts hört, oder besser gesagt, der Dichter nichts weiss.

Da also einerseits nach allgemeiner Annahme die 1. Fortsetzung in Beziehung auf das Lachm. Lied v. 1 - 347 gedichtet ist, andererseits in so bestimmter Weise den ersten Theil der 2. Fortsetzung berücksichtigt, so muss sie offenbar vom Verfasser für ihren jetzigen Platz, d. i. nach der Achill-Thetisscene gedichtet worden sein.

Vom Standpunkte Lachmann's, der die Verse 488—492 zur 1. Fortsetzung zieht, wäre nun die Frage nach dem Platze dieser erledigt; für diejenigen hingegen, welche, wie z. B. Köchly, die eigentliche 1. Fortsetzung nur die Zurückführung der Chryseis umfassen lassen, hat unser Beweis nur für die fünf angehängten Verse Geltung, die die Beziehung enthalten.

Obwohl sich in der Partie v. 430—487 keine Beziehung auf die vorangehende Achill-Thetisscene findet, glaube ich doch gerade in den fünf angehängten Versen einen gewichtigen Beleg gefunden zu haben, dass auch die Zurückführung der Chryseis für diesen Platz bestimmt war. Lassen wir vorderhand die fünf geretteten Verse allein, ohne die vorausgehende Zurückführung der Chryseis, unmittelbar an v. 429 treten und sehen wir, wie sie sich anfügen.

Die Achill-Thetisscene schliesst v. 428 u. 429.

Ὣς ἄρα φωνήσασ᾽ ἀπεβήσετο, τὸν δ᾽ ἔλιπ᾽ αὐτοῦ χωόμενον κατὰ θυμὸν ἐυζώνοιο γυναικός.

Folgen nun gleich die fünf Verse:

Αὐτὰρ ὁ μήνιε νηυσὶ παρήμενος ὠκυπόροισιν διογενὴς Πηλέος υἱός . . . . . .

so nimmt sich erstlich das αὐτὰρ ὁ μήνιε auf das unmittelbar vorausgehende χωόμενον κατὰ θυμόν pleonastisch aus; für's zweite widerspricht das νηυσὶ παρήμενος ὠκυπόροισιν entschieden dem unmittelbar vorausgehenden τὸν δ᾽ ἔλιπ᾽ αὐτοῦ d. i. am entfernten Meeresstrande, v. 349 (νόσφι λιασθείς θῖν᾽ ἐφ᾽ ἁλός . . . .)

Lassen wir aber vorerst die zweitägige Zurückführung der Chryseis antreten und fügen erst dann die fünf Verse an, so nimmt das αὐτὰρ ὁ μήνιε das frühere χωόμενον glücklich auf, als Uebergang zum folgenden, und unterdessen ist auch natürlich Achilles zum Schiffslager (νηυσὶ ὠκυπόροισιν) zurückgekehrt.

Es ist fast traurig, wenn man bedenkt, dass man freie Kunstschöpfungen der Phantasie, für deren Mass und Gesetz der gesunde aesthetische Sinn das sicherste Kriterium wäre, durch solche fast sophistische Beweisführung gewissermassen dem Messer einer blossen Verstandeskritik entreissen muss; noch trauriger aber, wenn solche mit harter Mühe errungene Resultate nicht selten vor einmal gefassten Parteiprinzipien keine objektive Beurtheilung und Geltung finden. — Wir haben nun den Platz gefunden, wohin der Verfasser die ganze Lachm. 1. Fortsetzung v. 430—492 bestimmt hatte.

Bei der zweiten wichtigeren Frage nach ihrer **Echtheit** sind nur zwei Annahmen möglich:
Entweder ist diese Partie vom Dichter der beiden anderen grossen Hauptmassen des 1. Gesanges (Lachm. Lied und Lachm. 2. Fortsetzung) gedichtet worden, und dann ist sie **echt**; oder sie ist von einem Rhapsoden oder Diaskeuasten erst später eingefügt worden, folglich **unecht**.
Letztere Ansicht hat vorzüglich W. Ribbeck im Philologus VIII S. 473 und neuerdings in den N. Jahrbüchern f. Phil. und Päd. B. 85. H. 1. S. 4 vertreten.
Er stützt sich dabei vorzüglich auf den von Lachmann angemerkten chronologischen Widerspruch, der zwischen den beiden Theilen der 2. Fortsetzung dadurch entsteht, dass die 1. Fortsetzung hineinfällt. [1])
Nämlich im 1. Theile verspricht v. 423 ff. Thetis dem Achill Erfüllung seines Wunsches in zwölf Tagen, wenn Zeus von den Aethiopen zurückgekehrt sei:

Ζεὺς γὰρ ἐς Ὠκεανὸν μετ᾽ ἀμύμονας Αἰθιοπῆας
χθιζὸς ἔβη κατὰ δαῖτα, θεοὶ δ᾽ ἅμα πάντες ἕποντο.
δ ω δ ε κ ά τ η δέ τοι αὖτις ἐλεύσεται Οὔλυμπόνδε.

Und im 2. Theile kehren richtig v. 493 die Götter mit Zeus am zwölften Tage zurück:

ἀλλ᾽ ὅτε δή ῥ᾽ ἐκ τοῖο δυωδεκάτη γένετ᾽ ἠώς,
καὶ τότε δὴ πρὸς Ὄλυμπον ἴσαν θεοὶ αἰὲν ἐόντες
πάντες ἅμα, Ζεὺς δ᾽ ἦρχε. Θέτις δ᾽ οὐ λήθετ᾽ ἐφετμέων.

Lässt man aber zwischen dem Gespräch der Thetis mit Achill und ihrem Gang zum Olymp die Zurückführung der Chryseis eintreten, so kann sich das *ἐκ τοῖο* nicht mehr auf die v. 424 erwähnte Abreise des Zeus beziehen, sondern auf den Schluss der 1. Fortsetzung, und da es in dieser Partie v. 475—477 Nacht und wieder Tag geworden ist,

---

1) **Lachmann.** S. 4.

so treffen nach Lachmann und Ribbeck die Götter mindestens um einen Tag später ein.[1]) Zwar nicht der chronologische Widerspruch als solcher ist es, an dem Anstoss genommen wird — denn das geben die Meisten zu, dass mit dem δυωδεκάτη v. 493 der zwölfte Tag nach der Abreise gemeint sei — aber dass sich der Dichter den gräulichen Grammatikalverstoss mit dem ἐκ τοῖο hätte zu Schulden kommen lassen, bringt die Grammaticissimi ganz aus der Fassung. „Ist das der Gebrauch des Artikels bei Homer, dass durch ihn auf etwas vor fünfzig Versen da Gewesenes, und nicht auf das nächst Vorhergehende zurückgewiesen wird?" [2])

Aber das ist ja auch hier der Fall; nur Ribbeck selbst kehrt sich an seine eigene Behauptung nicht und bezieht das ἐκ τοῖο auf die Rückkehr des Odysseus v. 487, statt auf die Schlussverse der 1. Fortsetzung, welche den Ausgangspunkt der Zeitbestimmung enthalten, nämlich:

v. 488. αὐτὰρ ὁ μήνιε νηυσὶ παρήμενος ὠκυπόροισιν,
διογενὴς Πηλέος υἱός, πόδας ὠκὺς Ἀχιλλεύς
οὔτε ποτ' εἰς ἀγορὴν πωλέσκετο κυδιάνειραν
οὔτε ποτ' ἐς πόλεμον, ἀλλὰ φθινύθεσκε φίλον
κῆρ
αὖθι μένων, ποθέεσκε δ' ἀυτήν τε πτόλεμόν τε.

Dieses αὐτὰρ ὁ μήνιε, worauf sich das ἐκ τοῖο bezieht, umfasst aber nicht den Groll des Achill erst von der Rückkehr des Odysseus an (oder beginnt Achilles erst jetzt zu zürnen?) sondern überhaupt die ganze Zeit seiner Dauer, mithin auch den Tag seines Eintretens; dieser fällt aber zusammen mit dem Besuch der Thetis bei Achill, worauf

---

1) **Lachmann**. A. a. O. S. 5. **Ribbeck**. Philol. VIII. S. 473.
2) **Ribbeck**. A. a. O.

nach Ribbeck das ἐκ τοῖο bezogen werden muss, wenn die Zeitangaben harmoniren sollen.

Das Scholion *B* bemerkt daher ganz richtig zu ἐκ τοῖο: ἐκ τούτου λέγει τοῦ χρόνου, τοῦ τῆς μήνιδος.

Auf einen andern Tag, als den des Ausbruches des Zornes das ἐκ τοῖο zu beziehen, ist schon deshalb nicht möglich, weil in den fünf Versen von keinem bestimmten Tage die Rede ist, von dem aus gezählt werden könnte.[1]

Mag nun auch diese Zeitbestimmung, wenigstens ihrer Bezeichnung nach, nicht mathematisch genau sein, obwohl sie für jeden verständlich sein kann, „der nicht grillenhaft auf den Gebrauch der Phantasie verzichten will" — keinesfalls darf daraus von Ribbeck ein Grund für eine spätere Einschiebung der 1. Fortsetzung geholt werden, zumal da allem Anscheine nach, wie schon Friedländer behauptet hat, gerade dieser Partie das ἐκ τοῖο sammt dem δυωδεκάτῃ seine Entstehung verdankt.

„Wenn dieser Umstand (nämlich der zwölftägige Aufschub der Thetisbitte) nicht den Zweck hat, die Episode von Chryseis Heimführung zwischen den Besuch der Thetis bei Achill und ihr Gespräch mit Zeus einzuschieben, so hat er gar keinen Zweck. Scheidet man die Episode aus, so hat man die einzige Veranlassung ausgeschieden, um derentwillen er erfunden sein kann, und die Reise der Götter zu den Aethiopen ist ganz müssig."[2]

Sonderbar! das, was dem einen Gelehrten Grund für die Unechtheit einer Partie ist, gilt dem andern als Beweis ihrer Echtheit.

---

[1] Vgl. Hiecke. Greifsw. Sch. Progr. 1857. S. 2; Bergk. Ztschrft. f. d. Alterth. 1864. S. 492 und 495; Nägelsbach. Anmerk. z. Il. S. 109.

[2] Friedländer. Die Homerische Kritik von Wolf bis Grote. S. 74.

Wie antwortet nun Ribbeck?

„Wenn dieser Aufschub an sich keinen vernünftigen Grund hat, so kann jene äusserliche Veranstaltung ihn wahrlich nicht rechtfertigen."

„Ein solcher Grund lässt sich aber für die Reise allerdings gar nicht finden, ..." [1])

Ribbeck gibt dann Friedländer Recht und hält die Reise für „eine schlechte Erfindung des Diaskeuasten, dem es nicht gelungen ist, seine Arbeit zu verbergen". [2])

Aber hat denn nicht Ribbeck früher gerade aus der äthiopischen Reise den Hauptbeweis für eine spätere Einschiebung der 1. Fortsetzung genommen, indem durch ihren Eintritt die zwei Zeitangaben der Reise wegen der Beziehungslosigkeit des ἐκ τοῖο nicht mehr harmonirten, und jetzt soll die Reise selbst Erfindung des Diaskeuasten sein, um die Einschiebung seiner Episode zu ermöglichen! War denn dem Diaskeuasten „der Gebrauch des Artikels bei Homer" nicht bekannt, dass er ihn in dieser Art vernachlässigte?

Ein kleiner circulus vitiosus, den wir Ribbeck gerne verzeihen; denn seine letzte Annahme ist nur eine nothwendige Konsequenz seines Zugeständnisses an Friedländer. Wenn nämlich die Reise nur den Zweck hat, die Einfügung der 1. Fortsetzung zu bewerkstelligen und zugleich, wie Lachmann annimmt, echt ist, dann ist natürlich auch die erste Fortsetzung echt.

Gilt nun aber auch das Umgekehrte?

Dürfen wir die Echtheit der 1. Fortsetzung von der dieses Kunstmittels abhängig machen, oder ist es nicht richtiger, anzunehmen, Lachmann habe sich in Bezug auf diese paar Verse täuschen lassen, sintemal sie ihm für die

---

[1]) Jahrb. f. Philol. u. Päd. B. 85. H. 1. S. 6.
[2]) Philol. VIII. A. a. O. S. 475.

Begründung seiner Ansicht gegen die Einheitlichkeit des ersten Gesanges höchst gelegen kommen mussten; denn alle seine aufgedeckten Widersprüche wurzeln in dieser Reise.

Bedenkt man nun, dass diese wenigen Verse — oder nicht einmal diese, sondern nur das „harmlose" Wörtchen $\chi\vartheta\iota\zeta\acute{o}\varsigma$ (v. 424) — diese heillose Unordnung in die Chronologie des ersten Gesanges bringen, so muss sich wohl selbst dem konservativsten Homerkritiker die Frage aufdrängen, ob denn dieser zwölftägige Aufschub der Thetisbitte, sei es für die Entwickelung der Handlung, sei es als Mittel für die Einfügung der 1. Fortsetzung, so nothwendig ist, dass damit seine störende Existenz entschuldigt wäre.

Deshalb hat schon Düntzer [1]) vorgeschlagen, die Verse 421—427 und 493—496 als interpolirt anzusehen, freilich mit dem Vorbehalte, „wenn nämlich der chronologische Widerspruch auf keine Weise zu entschuldigen wäre, so dass er dem ursprünglichen Dichter unmöglich zugetraut werden dürfte."

Zu entschuldigen wird er dann sein, wenn der Aufschub der Thetisbitte, wodurch er hervorgerufen wird, als **Moment der Erzählung** betrachtet, für Verständniss und Auffassung unentbehrlich, oder wenigstens wichtig, als **Kunstmittel** unumgänglich nothwendig ist.

Man könnte zur Begründung des ersteren Punktes die Erklärung von Nägelsbach vorbringen, dass „diese Zwischenzeit zur Ausführung der Charakteristik des Achilleus diene", indem, „wenn zwischen Thetis' Gang in den Olymp geraume Zeit vergeht, ohne dass Achilleus während derselben seine furchtbare, unheilschwangere Bitte zurücknimmt, sein Zürnen um so weniger als Wallung des Augenblicks und um

---

1) Allgem. Monatschrift für Literatur 1850. II. S. 280.

so mehr als tiefgewurzelter, nachhaltiger und unversöhnlicher Groll erscheint." 1)

Ich zweifle, ob der Dichter mit diesem etwas tiefliegenden psychologischen Motiv seinen Zweck beim Zuhörer erreicht hat; eher liesse sich vielleicht sagen, dass durch diese unerwartete Verzögerung die Spannung auf den Erfolg der Bitte Achill's in wirksamer Weise erhöht werde. Noch ein Zweck der Reise könnte angeführt werden, und vielleicht nicht der unwichtigste; denn er leitet uns auf die Nothwendigkeit derselben als Kunstmittel für die Einfügung der 1. Fortsetzung.

Es ist die kurze Dauer von Achill's Groll, wenn man den zwölftägigen Aufschub fortlässt. Er währt dann kaum sechs Tage.

Am 10. Tage der Ilias beginnt er (v. 429.) Auf diesen fallen Volksversammlung, Streit, Raub der Briseis, Thetis bei Achill, Zurückführung der Chryseis (v. 430—476), Thetis bei Zeus.

Am 11. Tage Volksversammlung, Fluchtversuch, erste Schlacht (*B* 48—*H* 282); zugleich Odysseus Heimfahrt von Chryse. (*A* 477—487.)

Am 12. und 13. Tage Todtenklage und Mauerbau (*H* 381, 421 - 465, 482).

Am 14. und 15. Tage zweite und dritte Schlacht (Θ 1 - 485, *Λ* 1—*Σ* 240).

Am folgenden Tage (*T* 1) entsagt Achill öffentlich seinem Grolle; der Gesinnung nach schon Tags vorher Σ 112.

Also im Ganzen höchstens sechs Tage.

Lässt man nun nach Ausfall der äthiopischen Reise das Stück *A* 54—611 als den v. 54 eintretenden zehnten Tag gelten, so findet offenbar die ganze 1. Fortsetzung

---

1) A. a. O. S. 97.

keinen Platz mehr. Am zehnten Tage fährt Odysseus ab (v. 312), und kommt in Chryse an (v. 430); da nun bereits in Chryse der eilfte Tag anbricht (v. 477), der identisch ist mit dem B 48 eintretenden, so läuft nicht nur die Handlung der 1. Fortsetzung den andern Begebenheiten des zehnten Tages voraus und in den eilften hinein, — von der doppelten Erwähnung des gleichen Sonnenaufganges (A 477 und B 58) gar nicht zu sprechen — sondern es entsteht dadurch noch obendrein ein Widerspruch mit der Erzählung des zweiten Gesanges, indem dort Odysseus in der Frühe (B 169) bereits auftritt, während er doch noch am selbigen Morgen in Chryse ist (A 478). Auch die Erkenntniss der Ate Agamemnons (B 375) käme als gleich am Tage nach der Beleidigung etwas früh, sowie der Auszug des Heeres zur Schlacht, kaum dass die Seuche aufgehört hat. [1])

Man sieht daraus, dass diese „künstliche Veranlassung" des Aufschubes der Thetisbitte für den Dichter absolut nothwendig war, wenn er die erste Fortsetzung hier einfügen wollte. Düntzer's Konjektur, so scharfsinnig und verlockend sie anfangs erscheint, muss somit als unstatthaft angesehen werden. Wie wir vom Standpunkte Ribbeck's aus mit der Ausscheidung der 1. Fortsetzung konsequent auch die Reise verwerfen müssen, so müssen wir umgekekrt, wenn wir erstere mit Friedländer und Düntzer als echt ansehen, auch die letztere als das gelten lassen

Ob nun dieses Kunstmittel, dessen fatale Disharmonie mit der vorausgehenden Erzählung sich zwar nicht rechtfertigen, wohl aber nach Aufdeckung seines Zweckes entschuldigen lässt, von der Art sei, dass es dem „ursprünglichen Dichter zugetraut werden könne", mag Düntzer selbst

---

1) Diese letzteren Gründe haben freilich nur vom unitarischen Standpunkte Düntzers aus Geltung.

entscheiden, und mit ihm Alle, die sich ähnlicher Widersprüche moderner s c h r e i b e n d e r Dichter, z. B. Schiller's[1]) erinnern.

Die mögen denn auch entscheiden, ob es mit der Annahme nur Eines Tages für den ersten Gesang vereinbar sei, dass die Götter v. 601 πρόπαν ἦμαρ ἐς ἠέλιον καταδύντα schmausen, während doch Thetis, nach den vorausgegangenen Begebenheiten zu schliessen, erst ziemlich spät zum Olymp gekommen sein kann.[2]) Ebenso spricht für die Ursprünglichkeit der äthiopischen Reise die enge Verschränkung derselben mit den sie umgebenden Versen der 2. Fortsetzung, so dass es nicht genügt, bloss v. 423--425 und v. 493 –1.)495 fortzuschneiden, sondern es müssen dann auch im ersten Theile v. 421— 422 [3]), welche die Motivirung des χωόμενον (v. 429) enthalten, sowie v. 426 und 427 [4]), die auf v. 407 [5]) zurückweisen, wegfallen.

Im zweiten Theile aber fielen nebst der Hälfte von v. 495, auch der äusserst plastische Vers 496 [6]) fort; auch nimmt sich dann das ἠερίη (v. 497) „in Nebel gehüllt" etwas pleonastisch aus, wärend es mit dem vorhergehenden Vers verbunden dem Verse 359 [7]) entspricht.

---

1) Vgl. im Don Carlos Akt II, Scene 4 mit Akt IV, Scene 5. Shakespeare's Hamlet. „ . . . wie kann ein Monolog (Sein oder Nichtsein), der das Wiederkehren eines Wanderers aus dem „unentdeckten Lande" leugnet, einer Tragödie angehören, deren Grundmotiv die Erscheinung eines Geistes ist?" Flir. Briefe über Sh. Hamlet. S. 49.
2) S. Hiecke. A. a. O. S. 6.
3) ἀλλὰ σὺ μὲν νῦν νηυσὶ παρήμενος ὠκυπόροισιν
μῆνι' Ἀχαιοῖσιν, πολέμου δ' ἀποπαύεο πάμπαν·
4) καὶ τότ' ἔπειτά τοι εἶμι Διὸς ποτὶ χαλκοβατὲς δῶ,
καί μιν γουνάσομαι, καί μιν πείσεσθαι ὀίω.
5) τῶν νῦν μιν μνήσασα παρέζεο καὶ λαβὲ γούνων,
6) . . . . Θέτις δ' οὐ λῆθετ' ἐφετμέων. v. 495.
παιδὸς ἑοῦ, ἀλλ' ἥ γ' ἀνεδύσετο κῦμα θαλάσσης. v. 496.
7) καρπαλίμως δ' ἀνέδυ πολιῆς ἁλὸς ἠΰτ' ὀμίχλη.

Es giengen dann natürlich auch die fünf herrlichen Schlussverse der 1. Fortsetzung (v. 488—492) verloren, obwohl sie die einzigen sind, welche uns mit kurzen aber ergreifenden Zügen das Bild des gekränkten Helden malen, der zum eigenen Leide grollend bei seinen Schiffen sitzt, und das Herz abhärmt vor Begier nach Krieg und Schlachtenruf.

Dadurch verliert auch der Vers Σ 104 [1]), der auf das Gebot der Thetis zu Achill, bei den Schiffen sitzend den Achäern zu grollen und sich des Kampfes zu enthalten, halb vorwurfsvoll anspielt, seine Beziehung. — Sind nun diese angeführten Gründe für die Ursprünglichkeit der Reise mehr indirekter Natur, indem sie uns nur die Konsequenzen ihrer Entfernung zeigen, so lassen sich für die Echtheit der 1. Fortsetzung positive Belege aus dem Lachm. Liede und der 2. Fortsetzung vorbringen, welche zum Theil schlagend diese Partie dem Verfasser der genannten Hauptmassen des ersten Gesanges zuweisen.

Ich verzichte hiebei auf die Herbeiziehung des oft gebrauchten und missbrauchten allgemeinen Satzes, dass es des epischen Dichters Art sei, „eine bedeutende Handlung selbst mit Retardation der Hauptereignisse bis in ihre letzten Nachwirkungen zu verfolgen;" [2]) es hängt dies mit der Frage nach ihrer Nothwendigkeit zusammen und ich habe schon früher gegenüber Köchly zugegeben, dass eine ausführliche Beschreibung der Zurückbringung der Chryseis durch Odysseus nicht absolut unentbehrlich sei; obwohl ich deshalb nicht der Bemerkung Haupt's beistimme, dass der Dichter die Versöhnung Apollo's gar nicht anzureihen

---

1) $\mathit{\dot{\alpha}\lambda\lambda'\ \ddot{\eta}\mu\alpha\iota\ \pi\alpha\rho\dot{\alpha}\ \nu\eta\upsilon\sigma\dot{\iota}\nu\ \dot{\varepsilon}\tau\omega\sigma\iota o\nu\ \ddot{\alpha}\chi\vartheta o\varsigma\ \dot{\alpha}\rho o\dot{\upsilon}\rho\eta\varsigma}$.
2) Nägelsbach. A. a. O. S. 96.

brauchte, da sie aus der Sage bekannt und durch Kalchas' Worte hinreichend angedeutet sei. [1]) Aus der Sage bekannt war auch die **Veranlassung** zum Groll des Apoll, überhaupt der ganze Sagenstoff; aber „bedeutend" im Sinne Nägelsbach's ist bei der ganzen Chriseisgeschichte eigentlich nur ihr Beginn als einleitende Ursache von Achill's Zorn; nun da ihr Hauptzweck erreicht ist, sinkt sie in ihrem Abschlusse zu einer Nebenpartie herunter, deren ausführliche Schilderung wir dem Dichter gerne erlassen könnten, wenn er anders dieses Faktum in einer den Hörer befriedigenden Weise abschliesst. Denn über das ganze Ereigniss einfach darüber hinwegzugehen, dürfte doch das Mass der licentia poetica übersteigen.

Stellen wir also die auf die Versöhnung Apollo's bezüglichen Verse zusammen nnd fragen wir dann, ob wir im Hinblick darauf eine l. Fortsetzung nock erwarten dürfen oder nicht.

v. 97 ff. gibt Kalchas als Mittel zur Versöhnung Apollo's an, die Chryseis ohne Lösegeld ihrem Vater zurückzugeben, und eine heilige Hekatombe nach Chrysa zu führen.

οὐδ᾽ ὅ γε πρὶν Δαναοῖσιν ἀεικέα λοιγὸν ἀπώσει,
πρίν γ᾽ ἀπὸ πατρὶ φίλῳ δόμεναι ἑλικώπιδα κούρην -
ἀπριάτην ἀνάποινον, ἄγειν θ᾽ ἱερὴν ἑκατόμβην
ἐς Χρύσην. τότε κέν μιν ἱλασσάμενοι πεπίθοιμεν.

v. 141 ff. stellt Agamemnon diesen Rath als Befehl hin; als neues Moment tritt hinzu, die Hekatombe in Chrysa zu opfern.

νῦν δ᾽ ἄγε νῆα μέλαιναν ἐρύσσομεν εἰς ἅλα δῖαν,
ἐς δ᾽ ἐρέτας ἐπιτηδὲς ἀγείρομεν, ἐς δ᾽ ἑκατόμβην
θείομεν, ἂν δ᾽ αὐτὴν Χρυσηίδα καλλιπάρηον
βήσομεν· εἷς δέ τις ἀρχὸς ἀνὴρ βουληφόρος ἔστω,
ἢ Αἴας ἢ Ἰδομενεὺς ἢ δῖος Ὀδυσσεύς

---

1) Zusätze zu Lachm. Betrcht. S. 98.

ἠὲ σύ, Πηλείδη, πάντων ἐκπαγλότατ' ἀνδρῶν,
ὄφρ' ἥμιν ἑκάεργον ἱλάσσεαι ἱερὰ ῥέξας.
Dieser Befehl wird v. 308 ff. in folgender Weise ausgeführt:

v. 308. Ἀτρείδης δ' ἄρα νῆα θοὴν ἅλαδε προέρυσσεν,
ἐς δ' ἐρέτας ἔκρινεν ἐείκοσιν, ἐς δ' ἑκατόμβην
βῆσε θεῷ, ἀνὰ δὲ Χρυσηίδα καλλιπάρῃον
εἷσεν ἄγων· ἐν δ' ἀρχὸς ἔβη πολύμητις Ὀδυσσεύς. —

v. 312. Οἱ μὲν ἔπειτ' ἀναβάντες ἐπέπλεον
ὑγρὰ κέλευθα.

Das ist Alles, was uns der Dichter über die Zurückführung der Chryseis und die Versöhnung Apollo's erzählt.
Nun beschreiben uns allerdings die Verse 308—311 die Anstalten und Vorkehrungen zu dieser Wallfahrt, ja der Vers 312 lässt Odysseus und sein Gefolge sogar vor unsern Augen einsteigen und abfahren, aber über die wirkliche Versöhnung Apollo's, die von Kalchas v. 100 durchaus nicht, wie Haupt meint, „hinlänglich angedeutet" ist [1]), erfahren wir ebenso wenig, als über die richtige Ausführung des v. 147 gegebenen Befehles.

Zwar für dieses verschwiegene ἱερὰ ῥέζειν in Chrysa könnten wir uns nach Köchly's Ansicht durch die folgenden Verse 313—317 [2]), welche die Reinigung des Heeres und Opferung von Sühnhekatomben am Meeresstrande enthalten,

---

[1]) Vgl. v. 100 ..... τότε κέν μιν ἱλασσάμενοι πεπίθοιμεν.

[2]) „Sed quid tandem fecerunt, jam antequam Ulixes ad Chrysen pervenisset, Graeci v. 315—317?
ἔρδον δ' Ἀπόλλωνι τεληέσσας ἑκατόμβας
ταύρων ἠδ' αἰγῶν παρὰ θῖν' ἁλὸς ἀτρυγέτοιο·
κνίση δ' οὐρανὸν ἷκεν ἑλισσομένη περὶ καπνῷ."
Köchly. A. a. O. p. 17.

vom Dichter entschädigt glauben, aber abgesehen davon, dass durch den Vers 318:

Ὣς οἱ μὲν τὰ πένοντο κατὰ στρατόν· οὐδ' Ἀγαμέμνων

diese Illusion gründlich zerstört wird, indem ausdrücklich von dem Opfer im Lager die Rede ist, scheitert auch diese Annahme am Vers 312:

Οἱ μὲν ἔπειτ' ἀναβάντες ἐπέπλεον ὑγρὰ κέλευθα.

Dieser Vers, der bereits ein spezielles Moment der Fahrt selbst enthält, weist deutlich auf eine spätere Wiederaufnahme dieses begonnenen Aktes hin.

Läge dies nicht in der Absicht des Dichters, so müsste es als höchst unklug erscheinen, statt eines allgemein gehaltenen Verses, der das Ereigniss als ein abgeschlossenes hinstellt, dem Hörer das Bild des absegelnden Schiffes vor die Phantasie zu führen, damit er sich um so gewisser frage, was aus dieser πομπή geworden sei.

Dass aber solche Ansätze, wie der genannte Vers 312, auf eine spätere Fortsetzung weisen und den Hörer auf die Wiederaufnahme der unterbrochenen Erzählung aufmerksam machen sollen, geht aus vielen ähnlichen Stellen der Ilias hervor.

Ich erwähne nur das einschlägigste Beispiel im achtzehnten Gesange.

Dort geht v. 146 Thetis von Achill fort zum Olymp, um ihrem Sohne von Hephaistos neue Waffen zu erbitten.

ἡ δ' αὖτ' Οὔλυμπόνδε θεὰ Θέτις ἀργυρόπεζα
ἤιεν, ὄφρα φίλῳ παιδὶ κλυτὰ τεύχε' ἐνείκαι.

Obwohl nun ihr Abgang durch diese zwei Verse schon hinlänglich angezeigt ist, folgt dennoch der Vers 148

τὴν μὲν ἄρ' Οὔλυμπόνδε πόδες φέρον · αὐτὰρ Ἀχαιοί....,

der uns auf die v. 369 wieder aufgenommene Erzählung

vorbereitet. Dazwischen liegt eine Fortsetzung des Kampfes um Patroklos Leichnam, entsprechend der Abholung der Briseis mit der sich anschliessenden Klage Achill's im ersten Gesange.¹)

Der grosse Mangel also ist, dass der Dichter seine in detailirter Schilderung begonnene Erzählung von der Zurückführung der Chryseis zu keinem nur halbwegs befriedigenden Abschluss bringt, sondern den Faden ausgehen lässt, ohne einen Knopf zu machen, und dies noch obendrein an einem Punkte, wo er den Hörer das abgebrochene Faktum eher erwarten, als vergessen macht.

Doch selbst darüber könnten wir uns noch mit der Wichtigkeit der folgenden Ereignisse trösten, die nun in den Vordergrund treten und den Gedanken an die unvollendete, frühere Erzählung nicht mehr aufkommen lassen.

Aber auch diese Täuschung wird durch zwei Verse der 2. Fortsetzung vollständig in's Gegentheil verkehrt.

Hier erzählt Achill v. 388 ff. seiner Mutter die beiden Resultate der Versammlung mit Hinweisung auf die Drohung Agamemnon's:

v. 388. $\dot{\eta}\pi\epsilon\acute{\iota}\lambda\eta\sigma\epsilon\nu$ $\mu\tilde{\upsilon}\vartheta o\nu$, $\ddot{o}$ $\delta\grave{\eta}$ $\tau\epsilon\tau\epsilon\lambda\epsilon\sigma\mu\acute{\epsilon}\nu o\varsigma$ $\dot{\epsilon}\sigma\tau\acute{\iota}\nu$.
$\tau\grave{\eta}\nu$ $\mu\grave{\epsilon}\nu$ $\gamma\grave{\alpha}\varrho$ $\sigma\grave{\upsilon}\nu$ $\nu\eta\grave{\iota}$ $\vartheta o\tilde{\eta}$ $\dot{\epsilon}\lambda\acute{\iota}\kappa\omega\pi\epsilon\varsigma$ $\mathrm{'}A\chi\alpha\iota o\acute{\iota}$
$\dot{\epsilon}\varsigma$ $X\varrho\acute{\upsilon}\sigma\eta\nu$ $\pi\acute{\epsilon}\mu\pi o\upsilon\sigma\iota\nu$, $\ddot{\alpha}\gamma o\upsilon\sigma\iota$ $\delta\grave{\epsilon}$ $\delta\tilde{\omega}\varrho\alpha$
$\ddot{\alpha}\nu\alpha\kappa\tau\iota\cdot$
$\tau\grave{\eta}\nu$ $\delta\grave{\epsilon}$ $\nu\acute{\epsilon}o\nu$ $\kappa\lambda\iota\sigma\acute{\iota}\eta\vartheta\epsilon\nu$ $\ddot{\epsilon}\beta\alpha\nu$ $\kappa\acute{\eta}\varrho\upsilon\kappa\epsilon\varsigma$ $\ddot{\alpha}\gamma o\nu\tau\epsilon\varsigma$ . . . . .

Hier bezieht sich offenbar der Aorist $\ddot{\epsilon}\beta\alpha\nu$ auf die eben ($\nu\acute{\epsilon}o\nu$) erfolgte Abholung der Briseis, die Präsentia $\pi\acute{\epsilon}\mu\pi o\upsilon\sigma\iota\nu$ und $\ddot{\alpha}\gamma o\upsilon\sigma\iota$ auf die noch nicht vollendete Zurückführung der Chryseis.

---

1) Es ist merkwürdig, wie der Verfasser des achtzehnten Gesanges selbst in diesem Punkte die 2. Fortsetzung kopierte, so dass wir schon aus dieser auffälligen Kongruenz auf das ursprüngliche Vorhandensein der 1. Fortsetzung an ihrem jetzigen Platz fast schliessen könnten.

Bestünde nun die Ausführung des Befehls Agamemnons nur in den Versen 308—312, und wäre der Dichter dieser nicht Willens, die weitere Ausführung folgen zu lassen, so hätte er statt der Präsentia πέμπουσιν und ἄγουσι — natürlich nicht den Aorist, — wohl aber das **Imperfektum** gesetzt, welches der Grieche von unvollendeten Ereignissen gebraucht, deren Beginn in die Vergangenheit fällt. [1])

Es wäre unter dieser Voraussetzung dieses Tempus um so mehr am Platze gewesen, als die ganze Partie, in der diese Verse vorkommen, nicht Angabe des Thatsächlichen schlechthin, sondern Erzählung im Munde Achill's ist, und dieser ja selbst durch sein τετελεσμένος ἐστίν die Handlung als bereits abgeschlossen, weil gewiss eintretend betrachtet.

Hält man nun diesen neuaufgefundenen Stützpunkt zu dem aus v. 312 gewonnenen, so ergibt sich daraus mit schlagender Beweiskraft, dass nicht nur die Versöhnung Apollo's noch nicht eingetreten sei, sondern, dass es auch in des Dichters Absicht gelegen, dieselbe noch folgen zu lassen; ein solch auffälliges, nicht einmal nothwendiges Verweisen hätte sonst keinen Zweck und müsste vom künstlerischen Standpunkte aus geradezu als taktlos bezeichnet werden.

Damit schliesse ich das erste Heft, dessen Zweck es war, die einheitlichen Elemente des ersten Gesanges der Ilias aufzudecken.

In wie weit diese vorgebrachten positiven Gründe gegenüber den von Lachmann aufgedeckten Widersprüchen Gewicht haben, mögen diejenigen entscheiden, die sich tiefer

---

1) Vgl. das ἐπέπλεον v. 312.

als ich in das Studium des nach G. Hermann „leichtesten und schwersten aller Dichter" versenkt haben.

Ich begnügte mich daher, auf möglichst objektivem Wege nach einigen sicheren Einzelresultaten zu streben und ich bereue es fast, eine Form der Beweisführung gewählt zu haben, die auf einen endgiltigen Schluss abzuzielen scheint.

Man möge also darin nur einen schwachen Versuch sehen, zu prüfen, in welcher Weise strengere Gesetze der Logik für ästhetische Untersuchungen dieser Art verwendbar seien.

Berichtigungen.

Seite 58 Zeile 10 v. o. lies Zurückführung st. Zurückfährung.
„ 59 „ 11 v. o. „ Köchly'schen st. zweiten.
„ 62 „ 2 v. u. „ Lachmann (S. 22) lässt die etc.
„ 75 „ 17 v. o. „ Veranstaltung st. Veranlassung.
„ 78 „ 16 v. o. „ noch st. nock.